Christa Spilling-Nöker
Himmlische Zeiten

CHRISTA
SPILLING-NÖKER

Himmlische Zeiten

Wie das Jahr noch wunderbarer wird

Geschichten, Bräuche und Rezepte

Patmos Verlag

Feste feiern, feste feiern: Zur Einführung

Sei gut zu deinem Leib, damit die Seele Lust hat, darin zu wohnen.
Teresa von Ávila

Erdbeeren zu Weihnachten, Spargel in der Faschingszeit, Himbeeren an Allerheiligen – viele Lebensmittel können wir im Supermarkt zu jeder Jahreszeit kaufen; der Welthandel macht's möglich.

Aber so nach und nach wächst bei uns das Bewusstsein, sich, wie unsere Vorfahren, die es ja gar nicht anders kannten, von den Früchten und Gemüsepflanzen zu ernähren, welche die nahe Natur und Landwirtschaft in den jeweiligen Jahreszeiten zur Verfügung stellt. Im Winter stehen dann wieder Grünkohl und Schwarzwurzeln auf dem Tisch, im Frühling Spargel und Rhabarber, im Sommer Tomaten und Zuckerschoten und im Herbst Kürbis und Maronen.

Das Wissen, wie wichtig solche jahreszeitlichen Rhythmen sind, hat sich in vielen überlieferten Bräuchen erhalten. Menschen haben verschiedenen Zeiten im Jahr besondere Akzente gegeben, wie zum Beispiel der Wintersonnenwende (Weihnachten) oder dem Frühlingsvollmond (Ostern). Unser Jahr ist geprägt von diesen kosmischen Rhythmen und den christlichen Festen, die einst tief in den Menschen verankert waren und ihnen seelische Stabilität verliehen haben.

»Himmlische Zeiten« ist eine Einladung, diese Festtagsriten sowie deren kulinarisches Brauchtum und dessen Entstehungsgeschichte neu zu entdecken.

Das Buch überrascht mit vielerlei Bildern, Legenden und Textbeispielen aus der Literatur, die anschaulich schildern, welche Geschichten, Bräuche und Rezepte den Jahreskreis der Feste geprägt haben und uns heute inspirieren können. Die Abfolge entspricht dem Kirchenjahr, das mit dem ersten Advent beginnt.

Liebe Leserinnen, liebe Leser!

Mögen Sie Lust darauf bekommen, den himmlischen Duft alter und neuer Speisen, vom Lebkuchen bis zur Martinsgans, in Ihrer Küche genießerisch einzuatmen, um sich anschließend die lukullischen Köstlichkeiten auf der Zunge zergehen zu lassen und in den Geheimnissen ihrer Traditionen zu versinken!

Ihre Christa Spilling-Nöker

Inhalt

Wann das Jahr beginnt

Unser Jahr ist strukturiert durch die christlichen Festzeiten. Die Entwicklung dazu hat einige Zeit gebraucht. Die frühe Christenheit hatte sich zunächst am jüdischen Festjahr (Pessach/Ostern, Schawuot/Pfingsten) orientiert und die wesentlichen Begebenheiten aus dem Leben Jesu und der urchristlichen Gemeinde in die vorgegebene Chronologie eingegliedert.
Am Anfang des Jahreskreises steht für die katholische und evangelische Christenheit der weihnachtliche Festkreis mit dem Zentrum der Geburt Jesu Christi vom ersten Advent bis Epiphanias / Epiphanie (Heilige Drei Könige). Darauf folgt der österliche Festkreis von Aschermittwoch über die Passionszeit hin zur Osterfeier und den ihr folgenden sieben Wochen, in denen die frohe Botschaft von der Auferstehung Jesu Christi im Mittelpunkt steht. Er schließt ab mit dem Pfingstfest, an dem die Aussendung des Heiligen Geistes gefeiert wird und das als Gründungsdatum der christlichen Kirche gilt.
Die folgenden Wochen des Jahres beinhalten vor allem den Johannistag, Mariä Himmelfahrt, das Fest zum Gedenken an den Erzengel Michael, das herbstliche Erntedankfest und die Totengedenktage Allerseelen (katholisch) und Ewigkeitssonntag (evangelisch).

Heute beginnt unser Jahr mit dem 1. Januar. Der Neujahrstag schwankte im Mittelalter zwischen Weihnachten, dem 1. und dem 6. Januar, dem 25. März (Mariä Verkündigung) und Ostern, also zwischen dem 22./23.März und dem 25. April.
Im Jahr 1691 wurde der 1. Januar als Neujahrsbeginn von Papst Innozenz XII. festgelegt. Da man Weihnachten ursprünglich vier Tage lang feierte, näherte sich das Ende der Weihnachtszeit dem offiziellen Beginn des neuen Jahres, sodass die Weihnachtszeit weiterhin als Beginn des »Kirchenjahres« verstanden werden konnte. Weil nun aber die vierwöchige Adventszeit als Vorbereitungszeit auf Weihnachten zum Weihnachtsfestkreis dazugerechnet wird, ergab sich für die katholische und evangelische Kirche der erste Adventssonntag als Beginn des Kirchenjahres – während das »bürgerliche« Jahr am 1. Januar beginnt. In den orthodoxen Kirchen sowie in der koptischen Kirche beginnt das Kirchenjahr hingegen mit dem 1. September, in der armenischen mit Epiphanias.

Die Adventszeit

Advent – das heißt:
Wachsam sein und erwarten,
dass etwas Neues geschieht,
Begegnung stattfindet,
die das Herz berührt
und das Leben von innen her
verwandelt.

Advent — das heißt:
Zukunft steht offen,
auch jenseits der Tränen
wird liebendes Lächeln möglich
und durch Schmerzen hindurch
kann neue Hoffnung
geboren werden.

Advent — das heißt:
Heil ist nahe.
Trotz aller Zerrissenheit
in Herz und Seele
wird Ganzheit erwachsen,
die Erfüllung verspricht.

Christa Spilling-Nöker

Adventskalender aus Filz

Was wir benötigen:

- 12 rote Filzplatten für Zuschnitte (19 cm x 30 cm, meist so im Handel erhältlich)
- 1 Rolle rotes Nähgarn
- 24 Zahlen zum Aufkleben, von 1 bis 24
- 6 m Goldkordel oder schmales Goldband
- 1 Schere
- 1 feine Nadel zum Zusammennähen der Säckchen, sofern dafür keine Nähmaschine zur Verfügung steht.
- 1 große Nadel für die Goldkordel
- 1 flacher Korb oder eine Schale, ø ca. 30 cm
- 24 kleine Geschenke, die in die Filzbeutel hineinpassen (Süßigkeiten, kleine Figuren wie Engel oder Weihnachtsmänner, kleine Sterne oder Gutscheine)

Die zwölf Filzplatten 19 × 30 cm werden zu 24 Streifen von 9,5 × 30 cm geschnitten, jedes Stück wird später zu einem Säckchen. Jeder dieser Streifen wird nun zu einem Stück von 9,5 × 15 cm gefaltet und mit der Nähmaschine oder von Hand an den beiden Längsseiten zusammengenäht.
Die so entstandenen Säckchen werden danach »auf links gezogen«, damit die Nähte nicht mehr sichtbar sind, und dann auf Stufe 1 vorsichtig gebügelt.
Nun wird an den offenen Seiten jedes Säckchens ein etwa 25 cm langes Stück der Goldkordel eingezogen, so dass sich das Säckchen verschließen lässt (24 × 0,25 m = 6 m). Alternativ können die Säckchen auch mit einem schmalen Goldband zugebunden werden.
Jetzt werden die Nummern 1–24 aufgeklebt und anschließend die Säckchen mit den Geschenken befüllt; dabei mag man bedenken, ob für den Nikolaustag (6. Dezember), die vier Adventssonntage und den Heiligen Abend (24. Dezember) ein besonderes Geschenk wie ein Schokoladennikolaus oder eine kleine Kerze versteckt werden soll. Abschließend werden die Säckchen mit Kordel oder Band zugebunden und in den Korb oder die Schale gelegt, die man noch mit Tannenzweigen und Sternen festlich dekorieren kann.

Die Adventszeit ist in jedem Jahr eine ganz besondere Zeit. Tief in unseren Herzen sind wir voller Erwartung, dass etwas Überraschendes, Wundervolles auf uns zukommt, durch das unser Leben erfrischt wird. Das Wort Advent leitet sich von dem lateinischen Wort *adventus* ab, das Ankunft bedeutet. Dem christlichen Glauben nach wird das Fest der Geburt Jesu Christi erwartet, wodurch die Liebe Gestalt gewinnt und neue Hoffnung in der Welt zu atmen beginnt.
Die Adventszeit kennt bestimmte Tage, die mit besonderem Brauchtum verbunden sind, so der Barbaratag am 4. Dezember und der Nikolaustag am 6. Dezember. Aus Schweden kommt die Feier eines Tages, der ursprünglich besonders in Sizilien begangen wurde: der Luciatag am 13. Dezember, im Mittelalter das Datum der Wintersonnenwende nach dem julianischen Kalender, der in Schweden bis zum 18. Jahrhundert galt. Fast vergessen ist der Thomastag, der 21. Dezember, in unseren Breitengraden das astronomische Datum der Wintersonnenwende nach dem gregorianischen Kalender seit dem 16. Jahrhundert.

Die Adventszeit hat sich in der Alten Kirche aus zwei Traditionen entwickelt: aus einer gallischen und einer römischen. Der seit dem 4. Jahrhundert bezeugten gallischen Tradition nach war sie Buß- und Fastenzeit; diese wurde vom 6. Januar, dem Epiphaniasfest, an dem auch die Taufe Jesu gefeiert wurde, bis zum 12. November, dem Tag nach St. Martin, zurückgerechnet, sodass sie 56 Tage währte. Da man sich in Gallien an der Tradition der Ostkirche orientierte, in der in diesen acht Wochen die Samstage und Sonntage vom Fasten ausgenommen waren, ergab sich eine reine Fastenzeit von vierzig Tagen. Der theologische Schwerpunkt der Adventszeit lag hier auf der Erwartung des Kommens des Reiches Gottes, der Wiederkunft des Erlösers und den Schrecken des Endgerichts.
Aus dem 6./7. Jahrhundert ist für Rom eine eigene Adventsliturgie bezeugt, in der hin-

gegen der freudige Gedanke von der Menschwerdung Gottes in Jesus Christus, die Verehrung der Gottesmutter Maria sowie die hoffnungsvolle Erwartung auf die Wiederkunft des Erlösers am Ende der Zeiten im Mittelpunkt standen. Nachdem die Zahl der Adventssonntage zunächst schwankte, setzte sich im 12./13. Jahrhundert eine vierwöchige Adventszeit durch, die 1570 verbindlich wurde und uns auch gegenwärtig vertraut ist. Die mailändische Ambrosianische Liturgie kennt allerdings bis heute eine sechswöchige Adventszeit.

Weder in Rom noch im Bereich der deutschen Kirche, in der sich die Adventszeit erst langsam verbreitete, hatte die Adventsliturgie reinen Bußcharakter. Im Laufe der Jahrhunderte sind die gallische und die römische Tradition zusammengewachsen. So gedenkt man an den Tagen bis zum 16. Dezember der Wiederkunft Christi, während an den letzten sieben Tagen bis zum Heiligen Abend die Menschwerdung Gottes in Jesus Christus thematisiert wird. Von daher hat die Adventszeit heutzutage gleichermaßen den Charakter von Buße und Vorfreude, von Besinnung und gespannter Erwartung.

Adventskalender

Wie der Adventskalender entstanden ist: Die Ursprünge des Adventskalenders lassen sich bis ins 19. Jahrhundert zurückverfolgen. Um dem ungeduldigen Fragen der Kinder zu entgehen, wie lange es denn bis Weihnachten noch dauern würde, hängten viele religiös geprägte Eltern jeden Tag ein Bild an die Wand. Andere malten 24 Kreidestriche an die Wand oder Tür, von denen die Kinder jeden Tag einen wegwischen durften.

Eine besondere Idee hatte die Mutter von Gerhard Lang, einem schwäbischen Pfarrerssohn (1881–1974). Sie zeichnete 24 Kästchen auf einen Karton und nähte auf jeden ein »Wibele«. Jeden Tag durfte der Junge einen dieser Kekse davon abnehmen und essen.

Gerhard Lang übernahm die Idee seiner Mutter, verzichtete aber auf die Gebäckstücke und gab seit 1908 Adventskalender mit aufgedruckten farbigen Bildern heraus. Erst 1920 erschienen die ersten Adventskalender, an denen man jeden Tag ein Türchen zum Öffnen vorfand. Seit 1958 gibt es Adventskalender, in denen an Stelle der Bilder 24 Schokoladenfiguren versteckt sind. Inzwischen haben sich zunehmend auch Adventskalender mit meditativen Texten für Erwachsene durchgesetzt. Sie alle helfen, die Zeit des Wartens auf Weihnachten zu überbrücken.

Adventsgebäck

In der vorweihnachtlichen Bäckerei kommen sowohl Vorfreude als auch Besinnung zum Ausdruck, wenn sich einem der Sinn der Advents- und Weihnachtszeit über die Sinne von Riechen und Schmecken neu erschließt. Was wären Advent und Weihnachten ohne die traditionsreiche, symbolträchtige, wohlduftende Weihnachtsbäckerei!

Weinbeer, Mandeln, Sultaninen,
süſse Feigen und Rosinen,
welsche Nüsse – fein geschnitten,
Zitronat auch – muss ich bitten! –
Birnenschnitze doch zumeist
und dazu den Kirschengeist;
wohl geknetet mit der Hand
alles tüchtig durcheinand
und darüber Teig gewoben –
wirklich, das muss ich mir loben!
Solch ein Brot kann's nur im Leben
jedesmal zur Weihnacht geben!
Eier, Zucker und viel Butter
schaumig rührt die liebe Mutter;
kommt am Schluss das Mehl daran,
fangen wir zu helfen an.
In den Teig so glatt und fein
stechen unsre Formen ein:
Herzen, Vögel, Kleeblatt, Kreise –
braune Plätzchen, gelbe, weiſse
sieht man bald – welch ein Vergnügen –
auf dem Blech des Ofens liegen.
Knusprig kommen sie heraus,
duften durch das ganze Haus.
Solchen Duft kann's nur im Leben
jedesmal zur Weihnacht geben.
Isabella Braun (1815-1886)

In der ersten Hälfte des Gedichtes von Isabelle Braun wird das vielen Genießern sowohl im süddeutschen Raum als auch in Österreich, Südtirol und im Trentino bekannte Früchtebrot beschrieben. In diesen Gegenden wurde um den 30. November, den Andreastag, mit dem Backen des Früchtebrots begonnen, das je nach Region auch *Berwecke, Hutzenbrot, Hutzelbrot, Birnenbrot, Kletzenbrot, Schnitzbrot* oder auch *Zelten* genannt wurde. Es enthielt Frucht- und Nussstücke; sofern ihm auch getrocknete Birnenschnitze – Hutzen, Hutzeln (alemannisch) oder Kletzen (bairisch-österreichisch) – zugefügt wurden, bekam es eben den Namen Hutzel- bzw. Kletzenbrot. Als im Laufe der Zeit der Wohlstand zunahm und immer mehr getrocknete Südfrüchte importiert wurden, gelangten auch gedörrte Rosinen, Pflaumen, Aprikosen, Datteln oder Feigen in den festen Teig. Später standen zudem Orangeat und Zitronat auf der Zutatenliste.

Je nach Region wurde es ursprünglich am Nikolaustag genossen oder aber auch erst am Heiligen Abend oder am Stephanstag angeschnitten. Kinder, Knechte und Mägde bekamen einen Teil davon; ebenso erhielten die Tiere einige Stücke als Maulgabe, damit Gesundheit und Glück im Stall erhalten blieben.

Eduard Mörike (1804–1875) widmete den Hutzeln die Geschichte vom »Stuttgarter Hutzelmännlein«: »Das Hutzelmännchen also gibt dem Schustergesell Seppe, seines Meisters müde geworden, für seine Reise zwei Paare Glücksschuhe und einen besonderen Laib Hutzelbrot mit. Damit jener auf seinem Fußweg von Stuttgart über die Alb nach Ulm – und noch weiter – gutgerüstet sei …« Als Spezialität des Kurhauses in Monstein verweist *Thomas Mann* in seinem Roman »Der Zauberberg« auf das Birnenbrot. Auch heutzutage gilt das Hutzelbrot, vor allem im bayrischen und schwäbischen Raum, als Delikatesse und wird gern zu einer Käseplatte gereicht.

Zutaten:
3 Eier
125 g Zucker
½ Fläschchen Dr. Oetker's Rum- oder Arrak-Aroma
60 g Mandeln
125 g Haselnußkerne
125 g Feigen
125 g Zitronat
250 g Rosinen
1 Messersp. Zimt (nach Belieben)
1 gestrichener TL Dr. Oetkers „Backin“

Früchtebrot

Eier, Zucker und Aroma werden schaumig geschlagen und die vorbereiteten Früchte (Feigen gewaschen und kleingeschnitten, Mandeln und Nüsse gehackt), Zimt und das mit „Backin“ gemischte und gesiebte Mehl damit verrührt. Der Teig wird in eine gefettete, mit Papierfutter ausgelegte Kastenform gegeben.

Veränderung: An Stelle von Feigen und Rosinen kann man getrocknete Pflaumen, Birnen, Apfelringe oder Aprikosen nehmen.

Backzeit: 1- 1 ¼ Stunden bei Mittelhitze.

Dr. Oetkers Schulkochbuch, Bielefeld 1937

Honigkuchen, Pfefferkuchen, Lebkuchen

Das älteste Weihnachtsgebäck ist allerdings der »Honigkuchen«, da der Honig, ein Nebenprodukt der umfangreichen Wachsproduktion, bis ins Mittelalter das einzige Süßungsmittel war; kleine Honigfladen sind schon um 350 n. Chr. bezeugt.

Im Hochmittelalter begann der Gewürzhandel mit dem Morgenland; der Pfeffer galt aufgrund seines hohen Preises als besonders wertvoll. Als »Pfeffer« bezeichnete man aber auch die anderen aus Indien und von den Gewürzinseln importierten Gewürze, daher wurde das auf mannigfache Art gewürzte Honigbackwerk in vielen Regionen Deutschlands auch »Pfefferkuchen« genannt; als solcher wurde es bereits 1296 in Ulm erwähnt.

In Westdeutschland und Süddeutschland hat sich für das gleiche Gebäck häufig die Bezeichnung »Lebkuchen« durchgesetzt, in Norddeutschland spricht man oft auch von »Braunen Kuchen«.

Woher der Begriff »leb« kommt, ist unklar: Möglich, dass er vom Laib, der Bezeichnung für dunkles ungesäuertes Brot, entlehnt wurde oder vom altdeutschen Wort *lebbe* (sehr süß) stammt und einen »süßen Kuchen« meint oder seine Wurzeln in dem lateinischen Wort *libum* hat, das Opferkuchen bedeutet; in den Klosterküchen wurde darunter generell der Fladen verstanden.

Im antiken Griechenland und in Rom waren solche Opferkuchen den Göttern als Geschenk dargebracht worden. Die Germanen stimmten in den langen dunklen Nächten des Winters die Götter und Dämonen mit Honiggebäck milde und hofften auf die wieder länger scheinende Sonne, auf das Licht. Dieses heidnische Brauchtum wurde – wie so vieles andere auch – von den mittelalterlichen Klöstern übernommen und christlich umgedeutet. Die mit Gewürzen und Heilkräutern abgeschmeckten Lebkuchen wurden als »Heilbrot« verstanden, das auf den Heiland Jesus Christus, das »Licht der Welt« (vgl. Johannes 8,12) hinweist. Es wurde von Mönchen und Nonnen bereits zu Beginn des 9. Jahrhunderts in klösterlichen Apotheken als Medizin verkauft.

Im 13./14. Jahrhundert begann die gewerbsmäßige Herstellung der Lebkuchen; seit 1643 gab es in Nürnberg die Zunft der Lebzelter.

Im 15. Jahrhundert wurden darüber hinaus auch Früchte, denen man eine besondere Heilkraft zuschrieb, mit flüssigem Zucker gesüßt, sie bildeten das erste Konfekt; von daher wurden die Apotheker auch *confectionarii* genannt – sie waren damit die ersten Zuckerbäcker.

Während es heute fertiges Lebkuchengewürz gibt, in dem meistens elf Gewürze miteinander vermischt sind, kamen ursprünglich nur sieben oder neun Gewürze (Piment, Zimt, Ingwer, Anis, Koriander, Kardamom, Muskat, Gewürznelke, Fenchel) an das Honiggebäck: Die Sieben sollte an die Vollendung der Schöpfung in sieben Tagen erinnern; die Neun galt als die Multiplikation der göttlichen Zahl Drei mit sich selbst als Zahl der höchsten Vollendung.

Ursprünglich gab es Lebkuchen das ganze Jahr über, sie dienten auch als Fastenspeise.

Honigküchlein

Zutaten:
3 Eier
1 Eigelb
3 Eßl. Honig
1 Pfd. Zucker
1 Teel. Zimt
1 Messerspitze Nelken
3 g Ammonium
1¼ Pfd. Mehl

Unter die mit Zucker verrührten Eier gibt man den flüssigen Honig, Gewürze, Ammonium und Mehl und arbeitet den Teig auf dem Nudelbrett glatt zusammen. Man wellt ihn ¼ cm dick aus, sticht runde Plätzchen ab im Durchmesser von 5–6 cm, legt diese auf ein mit Mehl bestäubtes Brett und läßt sie 24 Std. ruhen. Am anderen Tag gibt man die Küchlein auf ein gestrichenes, mit Mehl bestäubtes Blech und bäckt sie in mäßiger Hitze etwa 50 Min. Die Küchlein müssen 2–3 Wochen vor dem Gebrauch hergestellt werden, damit sie weich werden können. (Stückzahl: 80)
Kochbuch der Haushaltungs- und Kochschule des Badischen Frauenvereins, 1918

Gute Braun- oder Lebkuchen

Zutaten:
1170 g feines Mehl
2 Pfund Zuckersirup
125 g Zucker
125 g ausgewaschene Butter
125 g grobgestoßene Mandeln
die Schale einer Zitrone
8 g Zimt
8 g Nelken
2 g Kardamom
stark 30 g gereinigte, in etwas Milch aufgelöste Pottasche

Den Sirup läßt man auf dem Feuer dünn werden, tut dann Butter, Mandeln und Gewürz hinein, setzt den Topf vom Feuer, rührt das Mehl allgemach dazu, und wenn es abgekühlt ist, auch die Pottasche. Die Masse wird besser, wenn sie mindestens 8 Tage an einem warmen Orte steht. Man bringe sie einen halben Finger dick auf eine heißgemachte, mit weißem Wachs bestrichene und wieder abgewischte (in Ermangelung mit Butter bestrichene) Platte und setze sie bei etwas mehr als 2 Grad Hitze [ca. 180 Grad Celsius] in den Ofen. Die Kuchen sind, sobald sie inwendig trocken geworden, gar und werden dann sogleich mit einem scharfen Messer auf der Platte in Form eines Kartenblattes geschnitten. Will man sie glacieren, so schlägt man Eiweiß etwas schäumig, rührt es mit Zucker zu einer flüssigen Masse, bestreicht damit die Kuchen ganz dünn und läßt es trocknen. Auch kann man auf der Platte, ehe dieselben in den Ofen kommen, halbe Mandeln aufdrücken.
Henriette Davidis, Illustriertes praktisches Kochbuch, bearbeitet von H. Faber, 1912

Heutzutage beschränken sich das Backen und der Verzehr von Lebkuchen auf die Advents- und Weihnachtszeit. Duft und Geschmack des köstlichen Gebäcks tragen zu der besonderen Atmosphäre bei, die die Wochen vor Weihnachten ausmachen.

Es wird Weihnachten! Mein ganzes Haus riecht schon nach braunem Kuchen – versteht sich nach Mutters Recept – und ich sitze so zu sagen schon seit einer Woche im Scheine des Tannenbaums. Ja, wie ich den Nagel meines Daumens besehe, so ist auch der schon halbwegs vergoldet. Denn ich arbeite jetzt Abends nur in Schaumgold, Knittergold und bunten Bonbonpapieren … Gestern Abend habe ich sogar Mandeln und Citronat für die Weihnachtskuchen schneiden helfen, auch Kardamom dazu gestoßen und Hirschhornsalz.
Theodor Storm an die Eltern,
20. Dezember 1856

Der Ursprung der Weihnachtsbäckerei liegt einer alten Legende nach in einer Begegnung von Hirten und Engeln: Die Hirten hatten gerade ihre aus Wasser und Mehl gekneteten fladenförmigen Brote auf heiße Steine gelegt, als sie von der Frohen Botschaft der Engel überrascht wurden. Eilig machten sie sich auf den Weg nach Bethlehem, um das Kind anzubeten. Als sie zurückkehrten, fürchteten sie, dass ihre Brote verkohlt seien. Doch ein Engel hatte über die Brote gewacht, sodass ihnen zu ihrer eigenen Überraschung ein himmlischer Duft entgegenströmte. Sie kosteten von dem dunklen Brot, das keinesfalls verbrannt war, im Gegenteil: Es war von einer ungeahnten Süße und Würze. Sie brachen es in kleine Stücke, damit jeder von ihren Freunden und Verwandten ein Stück bekommen konnte. Zur Erinnerung an dieses Wunder haben sie dann jedes Jahr zu Weihnachten solche kleinen leckeren süßen Kuchen gebacken.

Mandellebkuchen

Ziehe ein halb Pfund Mandeln ab hier,
schneide sie viertelweis,
lege sie auf ein Papier,
setze sie in ein Öfelein
und bräune sie fein.

Nehme ferner zwölf Loth schönes Mehl,
dazu 14 Loth Zucker zähl;
gebe von 14 Eiern das Weiße hinzu
– samt zwei und einem halben Dotter –
und rühre es in einer Schüssel ohne Ruh.

Itzet fehlen bestimmt
Muscatnuß, Anis und Rosenwasser,
Mandeln und Zimmt.

Tue den Teig auf Oblaten,
backe und behalte ihn
an einem warmen Ort;
so leben Backers Thaten
in ewig fort.

Johannes Valerius, 17. Jh.

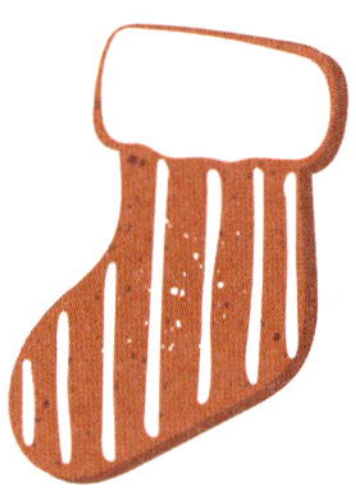

Aachener Printen

Wenn Sie in Aachen zu Besuch sind und nach einem Mitbringsel suchen, so werden Ihnen mit Sicherheit die *Aachener Printen* empfohlen, denn die sind eine besondere Spezialität der Domstadt. Sie haben ihren Namen von dem niederländischen Begriff *prent,* was im Deutschen »Abdruck« bedeutet; ursprünglich wurde der entsprechende Teig nämlich, wie das Spekulatiusgebäck (*vgl. Nikolaustag*), in kunstvoll geschnitzte Holzmodel gedrückt, deren figürliche Bilder dem Gebäck aufgedrückt sind.
Um die Entstehung der Aachener Printen ranken sich eine Reihe von Sagen und Legenden. Eine dieser alten Legenden erzählt: Infolge der großen Feuersbrunst, die im Jahr 1656 ausbrach, herrschte unter der Aachener Bevölkerung große Hungersnot. Da erinnerte sich ein alter Bäcker an ein einheimisches Backwerk, das seinerzeit das Lieblingsgebäck von Kaiser Karl gewesen war.
Aber keiner der Bäcker war imstande, sich genau an das Originalrezept zu erinnern – der Kaiser hatte es offensichtlich mit ins Grab genommen, und niemand wagte, seine Totenruhe zu stören.
Ein Bäckerlehrling war es, der in seinem jugendlichen Eifer auf die Idee kam, die kaiserliche Ruhestätte, die allgemein nicht bekannt war, zu suchen und das Rezept herbeizuschaffen. Da tauchte der Teufel als vermeintlicher Helfer in der Not auf und schlug dem Burschen einen Pakt vor: Er, der Teufel, weise ihm den Weg zur Gruft – und im Gegenzug besorge ihm der Bäckerjunge den Schlüssel zur Schatzkammer.
Schon in der nächsten Nacht führte der Teufel den Lehrjungen zum Grab von Kaiser Karl. Als dieser von der Not seiner geliebten Stadt Aachen erfuhr, gab er das Rezept preis, um anschließend wieder die Augen zu schließen und seine Ruhe fortzusetzen.
Der Bäckermeister war erst einmal über das Vorgehen seines Lehrlings fassungslos, witterte aber schnell das große Geschäft. Die Printen verkauften sich ›wie warme Semmeln‹ und erfreuten sich, auch über Aachen hinaus, wachsender Beliebtheit.
Doch eines Tages, als der Bäckerlehrling sein Versprechen längst vergessen hatte, erschien der Teufel und forderte seinen Anteil des Pakts. Um den Teufel gnädig zu stimmen, reichte er ihm ein Backblech mit frischen, leckeren Aachener Printen. Vom Duft und Geschmack der Printen berauscht, verdrückte der Teufel das köstliche Gebäck so gierig, dass er das Backblech gleich mit verschlang. Von höllischen Bauchschmerzen geplagt, tauchte der Teufel ab in den Ort der Verdammnis.

Thorner Kathrinchen

Zutaten:
- 375 g Honig
- 200 g Zucker
- 275 g gemahlene Mandeln
- 550 g Weizenmehl Type 1005 oder Roggenmehl Type 997
- 1 Messerspitze Ingwer
- 1 Messerspitze gemahlener Koriandersamen
- 1 Messerspitze gemahlene Gewürznelken
- ¾ Teelöffel gemahlener Zimt
- ¾ Teelöffel gemahlener Kardamom
- ½ Teelöffel Muskatnuss
- 1 Prise Salz
- ca. 100 ml Glas Rum
- 20 g Pottasche
- Fett und Mehl (oder Backpapier) fürs Blech

Honig mit Zucker erhitzen und schmelzen lassen, sobald es zu kochen beginnt, von der Flamme nehmen und unter gelegentlichem Rühren abkühlen lassen, dann die Gewürze unterrühren.
Pottasche in Rum auflösen.
Nach dem Erkalten Mehl, gemahlene Mandeln und aufgelöste Pottasche hinzugeben und gut verkneten.
Den Teig zugedeckt einen Tag oder länger ruhen lassen.
Backofen auf 180–200 Grad Celsius vorwärmen.
Den Teig fingerdick ausrollen, mit einer Kathrinchenform (oder einer anderen schönen Form) ausstechen, die Kathrinchen mit lauwarmem Wasser bestreichen und auf eingefettetem und gemehltem oder mit Backpapier ausgelegten Blech im vorgewärmten Backofen etwa 15 Minuten backen. Nach Belieben die Thorner Kathrinchen nach dem Backen mit einer Glasur überziehen.
Überliefertes Rezept

Thorner Kathrinchen

Mit dem 25. November, dem Namenstag der heiligen Katharina, begann gewissermaßen die traditionelle Weihnachtsbäckerei, denn an diesem Datum wurde der Teig für die »Katharinchen« zubereitet, die vor allem als »Thorner Kathrinchen« berühmt geworden sind. Sie tragen ihren Namen daher, dass sie im 16. Jahrhundert im Kloster der heiligen Katharina von Alexandrien in Thorn (heute Toruń in Polen) entstanden sein sollen. Der Teig sollte bis zu acht Tage ruhen, sodass dann zum ersten Advent mit dem Backen begonnen werden konnte.
Die Thorner Kathrinchen hatten ursprünglich die Form von Kettengliedern. Die mittelalterliche Legende von der heiligen Katharina erklärt den Grund dazu:

Im Altertum lebte in Alexandrien eine Königstocher, die weiser, reicher und schöner war als irgendein anderer Mensch in Ägypten. In ihrem Stolz wollte sie sich nur mit demjenigen vermählen, der ihr an Weisheit, Reichtum und Schönheit überlegen sei. Eines Tages begegnete sie einem christlichen Priester, der ihr verkündigte, dass Christus unermesslich viel weiser, reicher und schöner sei, als es einem Menschen zukommen könne. Da schenkte sie Christus ihr Herz.
Als der römische Kaiser Maxentius in Alexandrien einzog und befahl, dass die Bevölkerung den Götzen opfern sollte, verrieten viele Christen ihren Glauben. Empört darüber trat Katharina vor den Kaiser und bat ihn in flammender Rede, er möge seine Philosophen befragen: Sie würden ihm erklären, dass die Götzen, die er anzubeten befohlen hatte, nichts anderes seien als Erdengeschöpfe, die das Volk zu höheren Wesen gemacht habe. Zugleich bekannte sie vor ihm ihren christlichen Glauben.
Der Kaiser, fasziniert von ihrem Mut und ihrer Schönheit, bestellte für den kommenden Tag fünfzig Philosophen zu einer Disputation mit Katharina ein. Der Tag endete damit, dass Katharina sie überzeugte und sie abends zur christlichen Lehre übertraten. Empört darüber ließ Kaiser Maxentius die Philosophen ermorden. Katharina aber versuchte er, auf andere Weise zu gewinnen: Er bot ihr sogar den Platz neben seinem Thron. Als Katharina auch darauf nicht einging, ließ er sie mit dicken Ketten auf ein Rad binden und mit eisernen Ruten zerfleischen. Katharina aber spürte keine Schmerzen und ging singend in den Tod.

Das Marzipan

Eine Süßigkeit, die auf keinem bunten Teller der Advents- und Weihnachtszeit fehlen darf, ist das *Marzipan* oder auch *Brot der Engel*. Während es heutzutage das ganze Jahr über Marzipan in mannigfachen Konfektformen zu kaufen gibt, wurde es im 17. und 18. Jahrhundert in fränkischen Städten wie Nürnberg in unterschiedlichen Modeln aus Holz, Ton oder Zinn speziell zur Weihnachtszeit gebacken. Diese Formen bildeten zunächst biblische Motive, später aber auch Bauern und Handwerker, Herzen oder Rauten ab. Patrizierfamilien ließen sich sogar ihre Wappen aus Marzipan gestalten.
Woher die Bezeichnung Marzipan letztlich stammt, ist ungewiss. Sicher bezeugt ist seit dem 15. Jahrhundert nur, dass die Bezeichnung Marzipan für eine aus Mandeln, Zucker und Rosenwasser hergestellte Süßigkeit dem italienischen *marzapane* entlehnt wurde. Ihre Herstellung fand übrigens zunächst nur in Apotheken statt, da diese über das dafür notwendige Rosenwasser verfügten. Möglicherweise ist der Begriff auf den arabischen Ausdruck *mautaban* zurückzuführen, den Namen für eine Münze mit der Abbildung des auf dem Thron sitzenden Christus, die zur Zeit der Kreuzzüge (11. bis 13. Jahrhundert) im Umlauf gewesen war. Die Venezianer bildeten eine solche Münze nach und nannten sie *mat(t)apan*. Mit dem gleichen Wort wurde auch eine Kiste mit einem Rauminhalt von einem Zehntel Scheffel benannt; in solchen Kisten wurde das *marzapane* in den Handel gebracht. In Deutschland wurde es dann bald volkstümlich als *Marci pane* bezeichnet, als »Brot des heiligen Markus«, des Schutzheiligen der Bäcker, dem der Markusdom in Venedig geweiht ist. Einer anderen Herleitung zufolge bedeutet das italienische *marzapane* so viel wie »Märzbrot«, das im März gebacken wurde und ursprünglich zu Ostern als Osterbrot auf den Tisch kam.

Im *New Kochbuch 1581, Rezeptteil, Blatt CLXVb und folgende (= R 171b): Von allerlei Gebackens/wie man es zurichten sol von Marx Rumpolt* findet sich ein altes Rezept für die Herstellung von Marzipan:

Nimb Mandeln / die fein abgezogen / vnd vber Nacht geweicht seind in einem Wasser. Stoſs die Mandeln mit Zucker / dz ein Teig darauſs wirt / thu jn auff ein Oblat / vnd nimb ein wenig Rosenwasser darvnter / treibs fein auſs mit einem Walger / oder drucks in einem Model / der rundt ist / scheubs in Ofen / der nicht heiſs ist / vnd laſs backen / so wird es fein aufflauffen. Vnd wenns auffgelauffen ist / so thu es herauſs / vnd laſs kalt werden / so ist es ein guter Marcipan / wenn man jn auff ein Tisch gibt.

Da Marzipan, auch wegen der hohen Zuckerpreise, sehr teuer war, gelangte es vom 14. bis ins 19. Jahrhundert nur auf die Tische von Fürsten und später auch von wohlhabenden Bürgern, wo es sogar als Nachtisch serviert wurde. Für die ärmeren Schichten stellte es eine schier unerreichbare Köstlichkeit dar.

Es war ein fest vernageltes hölzernes Kistchen. Aber der Amtsrichter holte Hammer und Meiſsel aus seinem Geräthkästchen; nach ein paar Schlägen sprang der Deckel auf, und eine Fülle weiſser Papierspäne quoll ihm entgegen.
»Zuckerzeug!« rief Frau Ellen und streckte schützend ihre Hände darüber aus.
»Ich wittere Marzipan! Setzt euch; ich werde auspacken!«
Und mit vorsichtiger Hand langte sie ein Stück nach dem andern heraus und legte es auf den Tisch, das nun von Vater und Sohn aus dem umhüllenden Seidenpapier herausgewickelt wurde.
Theodor Storm,
»Unter dem Tannenbaum« (1862)

Traditionelles Marzipan-Rezept

1 Pfd. Mandeln werden geschält und sehr fein gerieben mit 400 g Puderzucker und 3–4 EL Rosenwasser vermengt. Dann auf mäßig heißer Herdstelle im Kupferkessel oder Aluminiumtopf so lange mit dem Holzlöffel bearbeitet, bis die Masse sich vom Boden löst, zum Kloß ballt und nichts mehr beim Eindrücken an dem Finger hängen bleibt. Länger der Hitze ausgesetzt, wird sie bröckelig und ist nicht mehr haltbar zu formen. Die Masse wird dann mit 100 g Puderzucker bis zum Abkühlen durchwirkt und an der Luft in mäßig warmem Raum trocknen gelassen, dann in Blech- oder Porzellangefäß verwahrt und nach Bedarf davon abgeschnitten. Für diesen Zweck ist die lange Brotform am passendsten.
Davidis-Schulze, Das neue Kochbuch für die deutsche Küche, 1934

1806 wurde in Lübeck die erste Marzipanfabrik gegründet. Neben Lübeck und Nürnberg hat sich auch Königsberg mit der Herstellung von Marzipan einen Namen gemacht. *Gertrud Müller Thalwitzer* erzählt: »Das Marzipanbacken in Ostpreußen zu Weihnachten war nicht nur eine hausfrauliche Tätigkeit, sondern es barg – zumindest noch im vorigen Jahrhundert – eine kultvolle Handlung in sich. Da waren festgefügte Gesetze vererbt durch Generationen, die den Töchtern und Schwiegertöchtern mit geheimnisvoller Würde übermittelt wurden ... Ich will hier etwas davon erzählen.
Auf dem Gut meines Onkels in Masuren begannen die Vorbereitungen des Marzipanbackens am Sonntag vor dem Weihnachtsfest ... Also, am letzten Sonntag vor Weihnachten, wenn morgens der Frühstückstisch abgeräumt war, wurde der Eßtisch in voller Länge ausgezogen und blitzsaubere Laken darüber gebreitet. Dann kam das gesamte weibliche Hauspersonal, Wirtin, Stuben- und Küchenmädchen in frischgewaschenen Schürzen und mit blankgescheuerten Händen herein. Jeder bekam ein Reibeisen und ein großes Stück Hutzucker (damals wurde fast nur Hut- und Würfelzucker im Haushalt auf dem Land verwandt) und setzte sich an den Tisch. Die Hausfrau, Besuch und erwachsene Töchter hatten die Mandeln zu bearbeiten. Die waren schon den Abend vorher gebrüht, abgezogen und getrocknet, und wurden nun auch auf kleinen Reibeisen gerieben. Mein Onkel, als Hausherr, saß obenan, las eingangs ein Stück der Weihnachtsgeschichte vor und stimmte dann einen Weihnachtschoral an, den alle stehend mitsangen.
Danach begann nun ein emsiges Reiben, der Zucker knirschte und rappelte, die Mandeln benahmen sich sanft und gedämpft dagegen ... War nun alles gerieben, wog der Hausherr Mandeln und Zucker zu gleichen Teilen ab, und nun begann die wichtige Arbeit des Knetens.
In einer großen Schüssel wurde die Masse so lange durcheinander gearbeitet – eine schwere, muskelbeanspruchende Sache –, bis eine ölig glänzende Kugel die Mühe krönte. Meist war es dann Mittag geworden, das Essen gab die Arbeitspause, und am Nachmittag begann dann das Ausrollen der Masse, was von Madamchen und Mamsellchen vollführt wurde. Die Töchter halfen beim Ausstechen der Herzen, Halbmonde und Rundstücke, die Ränder wurden geschnitten und, mit Rosenwasser angefeuchtet, aufgesetzt. Wenn jetzt alles geformt war, wurden die zierlichen Kostbarkeiten auf einem großen Brett über Nacht in die ›gute Stube‹ gestellt ...
Nachdem die Ränder, die mit Streichhölzchen eingekerbt waren, mit rotglühenden Bolzen gebräunt wurden, kam der berühmte Guß hinein, dessen Rezept Familiengeheimnis war, und dann erst begann das Garnieren. Aus eingemachten grünen Walnüssen und roten Hagebutten schnitt man feine Figuren, die in jedes Stück kunstvoll eingelegt wurden.
Kein Wunder, wenn diese kleinen Wunder am Weihnachtsabend sehr sparsam obenauf

auf unseren bunten Tellern prangten, und wir Kinder uns eine besondere Feierstunde aussuchten, in der wir, im neuen Märchenbuch lesend, unser Marzipan verzehrten. Der jeweilige Besuch nahm auch stets mit Andacht diese Kostbarkeit entgegen, und Stolz und Freude erfüllte die Hausfrau, wenn Aussehen und Aroma gepriesen wurden.«

Frankfurter Brenten und Bethmännchen

Frankfurter Brenten sind eine aus Frankfurt am Main bekannte Gebäckspezialität, deren Tradition auf das Mittelalter zurückgeht.

Mandeln erstlich, rat ich dir,
Nimm drei Pfunde, besser vier
(Im Verhältnis nach Belieben);
Diese werden nun gestoſsen
Und mit ordinärem Rosen-
wasser feinstens abgerieben.
Je aufs Pfund Mandeln akkurat
Drei Vierling Zucker ohne Gnad'.
Denselben in den Mörsel bring,
Hierauf ihn durch ein Haarsieb schwing!
Von deinen irdenen Gefäſsen
Sollst du mir dann ein Ding erlesen, –
Was man sonst eine Kachel nennt;
Doch sei sie neu zu diesem End!
Drein füllen wir den ganzen Plunder
Und legen frische Kohlen unter.
Jetzt rühr und rühr ohn Unterlass,
Bis sich verdicken will die Mass',
Und rührst du eine Stunde voll:
Am eingetauchten Finger soll
Das Kleinste nicht mehr hängen bleiben;
So lange müssen wir es treiben.
Nun aber bringe das Gebrodel
In eine Schüssel (der Poet,
Weil ihm der Reim vor allem geht,
Will schlechterdings hier einen Model,
Indes der Koch auf ersterer besteht)!
Darinne drücks zusammen gut;
Und hat es über Nacht geruht,
Sollst dus durchkneten Stück für Stück,
Auswellen messerrückendick
(Je weniger Mehl du streuest ein,
Um desto besser wird es sein).
Alsdann in Formen seis geprägt,
Wie man bei Weingebacknem pflegt;
Zuletzt – das wird der Sache frommen –
Den Bäcker scharf in Pflicht genommen,
Dass sie schön gelb vom Ofen kommen!
Eduard Mörike (1804–1875)

Johann Wolfgang von Goethe ließ sich von seiner Mutter solche Frankfurter Brenten zu Weihnachten schicken; sie ging persönlich »zum Conditor, um das Zuckerwerk auszusuchen«. Auch von seiner langjährigen Freundin und Muse *Marianne von Willemer* erhielt er auf seine Bitte hin sogar noch nach dem Fest frisches weihnachtliches Gebäck. Am 29. Januar 1832 schrieb sie an ihn: »In einigen Tagen erhalten Sie ein Kistchen mit ganz frischen Pfeffernüssen und Brenten, für die ich um freundliche Aufnahme bitte, obschon sie eigentlich zu den magenverderblichen Weihnachtsgaben gehören, und ich fast schließen möchte, daß Sie oder die Enkel ein wenig dagegen eingenommen sind; ich kann Sie aber versichern, daß sie in dieser einfachen, schlichten Gestalt weniger schädlich sind, als in der Zeit, wenn sie etwas vorstellen sollen, da gewöhnlich die äußere Form mehr Wert hat als die Masse ... Möge dies alles Ihnen und Ihren Enkeln zu einiger Freude gereichen!«

Frankfurter Brenten

I. Die 24 Stunden alte Marzipanmasse wird mit 4 Eiweiß und 50 g Puderzucker nochmals durchwirkt (für Menge und Rezept *siehe: »Traditionelles Marzipan-Rezept«* ↗ S. 23). Davon abgestochene Stücke werden in eine flache Holz-Backform gedrückt, auf ein Backblech gestürzt und auf diesem in schwach warmer Röhre übertrocknet. Erkaltet mit dem Glasiereisen leicht gebrannt. Zwischen Papierschicht in Blechdose zu verwahren. Mit dem Papier herauszuheben.

II. Der vorstehenden Masse werden noch 75 g würflig geschnittene Sukkade und 2 Eßl. Mandelschnitzel untermengt. Die Masse wird ½ cm dick auf Oblatenstreifen oder -vierecke gestrichen und auf dem Blech bei schwacher Hitze gebacken. Mit beliebiger Wasserglasur zu überziehen.

Davidis-Schulze, Das neue Kochbuch für die deutsche Küche, 1934

Hinweis zu I.:

Wenn man keine entsprechende Holzform hat, kann man dem Teig auch so viel Puderzucker beifügen, bis man ihn auf etwas Puderzucker ausrollen und Formen davon ausstechen bzw. ihn mit dem Teigrädchen in Streifen schneiden kann.

Hinweis zu II.:

Hübsch sieht es aus, wenn man auf den Zuckerguss noch etwas ganz fein gewürfelte Sukkade (Orangeat und Zitronat) und ganz klein gehackte Mandeln gibt.

Aus dem gleichen Teig wie die Brenten werden die Bethmännchen hergestellt. Die Bethmännchen sind nach der Frankfurter Familie Bethmann benannt. Einer Legende nach hat sie der Pariser Konditor *Jean Jaques Gautenier* 1838 erfunden, der zu Beginn des 19. Jahrhunderts Küchenchef im Hause des Bankiers und Ratsherrn *Simon Moritz von Bethmann* gewesen war. Die Bethmännchen sollen ursprünglich an ihren Seiten mit vier Mandelhälften belegt worden sein; jede Mandel galt einem der Söhne Bethmanns (Moritz, Karl, Alexander und Heinrich). Nachdem Heinrich verstorben war, wurde eine Mandel weggelassen; diese Tradition, die Marzipankugeln mit drei Mandelhälften zu verzieren, hat sich bis heute gehalten. Soweit die Legende – vermutlich ist das Rezept für Bethmännchen aber älteren Datums.

Christas Zimtsterne

Zutaten:
- 300 g gemahlene Mandeln
- 200 g Marzipanrohmasse
- 200 g Puderzucker
- 4–5 gehäufte TL Zimt – je nach Geschmack
- 2 Eiweiß
- 50–100 g gemahlene Mandeln zum Ausrollen

Für die Glasur:
- 1½ Eiweiß
- 1 Prise Salz
- 250 g Puderzucker

Mandeln, Marzipan, Puderzucker, feinen Zucker, Zimt und Eiweiß mit den Knethaken des Rührgeräts zu einem glatten Teig verarbeiten; danach mit den Händen kräftig durchkneten. Sollte er noch an den Fingern kleben, weitere gemahlene Mandeln dazugeben und unterkneten.

Für die Glasur: Das Eiweiß unter Zugabe von einer Prise Salz zu einem steifen Schnee schlagen, dabei nach und nach den Puderzucker dazugeben.

Den Teig auf geriebenen Mandeln (ohne Zusatz von Mehl!) etwa 1 cm dick ausrollen, Sterne ausstechen, einzeln mit der Eiweißglasur bestreichen und auf ein mit Backpapier ausgelegtes Backblech legen.

Den Backofen auf 190 Grad C vorheizen und die Sterne auf der mittleren Schiebeleiste so lange backen, bis die Glasur einen leichten Hauch von Bräune zeigt | Backzeit: Elektroherd: 190 Grad C, 5–6 Min, Gasherd: Stufe 2–3, 5–6 Min, Umluftherd: 175 Grad C, 4–5 Min.

Zimtsterne

Aus den ursprünglichen Marzipan- und Lebkuchengebäcken haben sich im Laufe der Zeit umfangreiche Rezepturen für Weihnachtsgebäck entwickelt, deren unterschiedliche Formen wiederum von symbolischer Bedeutung sind. So weist die Form des Kringels als Kreissymbol auf die Ewigkeit hin, während der zopfartig geflochtene Kranz aus Hefe- oder Mürbeteig als Siegeszeichen Christi über den Tod verstanden werden kann. Gebäck in Sternform, wie zum Beispiel die Zimtsterne, erinnern an den Stern von Bethlehem, der den Königen aus dem Morgenland den Weg zu Stall und Krippe gewiesen hat.

Advents- und Weihnachtsmärkte

Auf den Advents-, Weihnachts- oder Christkindlmärkten, wie sie auch genannt werden, duftet es nach gebrannten Mandeln, Bratwürsten, Glühwein und allerlei anderen verführerischen Köstlichkeiten. Ihren Ursprung haben diese Weihnachtsmärkte im Spätmittelalter, als Handwerkern wie Korbflechtern, Spielzeugmachern oder Zuckerbäckern – oftmals nur für einen Tag – erlaubt wurde, auf dem Marktplatz Verkaufsstände zu errichten, um ihre Waren anzubieten. Mit gerösteten Maronen, Mandeln und Nüssen wurde auch damals schon für das leibliche Wohl der Besucher gesorgt. Darüber hinaus gab es Fleisch und andere Lebensmittel, mit denen man sich für den Winter eindecken konnte.

Acht Tage vor dem Fest pflegte sich der Dresdner Altmarkt mit einem ganzen Gewimmel höchst interessanter Buden zu bedecken, die abends beleuchtet waren und grofse Augenlust gewährten. Das Glitzern der mit Rauschgold, mit bunten Papierschnitzeln und goldenen Früchten dekorierten Weihnachtsbäume, die hellerleuchteten kleinen Krippen mit dem Christkinde, die gespenstischen Knechte Ruprechts, die Schornsteinfeger von gebackenen Pflaumen, die eigentümlich weihnachtlichen Wachsstockpyramiden in allen Gröfsen … Hier drängten auch wir uns des Abends gar zu gern umher, schwelgend in dem ahnungsreichen Duft der Tannen, der Wachsstöcke, Pfefferkuchen und Striezeln, die in einer den Wickelkindern entlehnten Gestalt, reichlich mit Zucker bestreut, vor allen zahlreichen Bäckerbuden auslagen und Löwenappetit erregten.
Wilhelm von Kügelgen (1802–1867)

Berühmt, aber zugleich auch berüchtigt war der Christmarkt am damaligen Hamburger Dom. Schon im Jahr 1337 protestierte das Domkapitel energisch gegen das dortige wucherische und unsittliche Treiben; zudem störte der Lärm des Marktes die Gottesdienste. Mitte des 17. Jahrhunderts wetterte der Hauptpastor der Jacobi-Kirche, *Johann Balthasar Schupp,* von der Kanzel: »Wann wird grösserer Wucher, grössere Schinderey und Betriegerey in Hamburg getriben, als an dem Christ Abend, in der Thumbkirchen, wann das Kindlein Jesus Frauen Kinder und Gesind etwas bescheren sol.«

Dem Anreiz des Marktes tat das allerdings keinerlei Abbruch. Es wurde nach Lust und Laune gekauft, geschlemmt und gebechert. Gern brachte man sich mit Punsch, warmem Ingwer- und Eierbier in Stimmung, was dann, allen Tugendwächtern zum Trotz, auf dem dunklen Kirchhof zu dem einen oder anderen Techtelmechtel führte. So notierte der Domherr des Hamburger Mariendoms *Friedrich Johann Lorenz Meyer* (1760–1844) noch im 19. Jahrhundert resignierend: »Die sparsam erleuchtete Kirche selbst bietet dann der Unsittlichkeit ihre dunklen Schlupfwinkel.«

Der Barbaratag (4. Dezember)

Die Legende von der heiligen Barbara erzählt: Am Ende des 3. Jahrhunderts lebte in der antiken Metropole Nikomedia (heute die Stadt İzmit in der Türkei) ein reicher Kaufmann namens Dioscuros mit seiner Tochter. Sie war sein ein und alles; er liebte sie von ganzem Herzen. Da sie so schön und klug war, gab es viele Männer, die sie heiraten wollten, aber Barbara wies alle Verehrer zurück. Sie hatte eine Gruppe junger Christen kennengelernt, die sie vom Glauben an Jesus überzeugten.

Die Bienen

Sie spürte: Hier fand sie, wonach sie immer gesucht hatte – ihr Leben in froher Zuversicht zu führen und für jeden Menschen da zu sein, der ihre Zuwendung und Hilfe brauchen würde. Das war ihr wichtiger, als eine Ehe einzugehen und eine Familie zu gründen.
Ihrem Vater gefiel das gar nicht. Als er auf eine größere Handelsreise gehen musste, sperrte er sie in einen Turm ein, um weitere Treffen mit den Christen zu verhindern. Aber auch das half nichts. Es gelang ihr sogar, sich heimlich taufen zu lassen.
Ihr Vater war darüber derart empört, dass er sie verhaften ließ, weil er hoffte, dass sie ihren neuen Glauben dann aufgeben würde. Auf dem Weg zum Gefängnis blieb Barbara mit ihrem Kleid an einem Zweig hängen. Sie stellte den abgebrochenen Zweig in ein Gefäß mit Wasser – und er blühte genau an dem Tag auf, an dem sie zum Tode verurteilt wurde. Viele sahen das als Zeichen, dass das Leben letztlich über den Tod siegt. Das ist der Grund, warum am 4. Dezember Obstbaumzweige für die Vase geschnitten werden, die an Weihnachten aufblühen.

Barbarazweige

Mit der Gartenschere werden Zweige von Kirschbäumen oder anderen Obstbäumen, gelegentlich auch von Forsythien oder Kastanien, schräg abgeschnitten oder in der Wohnung schräg angeschnitten, sodass die Schnittstellen viel Wasser aufnehmen können. Über Nacht werden die Zweige in warmes Wasser gelegt. Damit sie bis Weihnachten auch aufblühen, brauchen sie einen sonnigen Platz – vielleicht auf der Fensterbank – und regelmäßig frisches Wasser.

Sankt Barbara

Verloren die Träume,
verkrümmt die Sehnsucht,
erstorben die Hoffnung
und tot der Glaube,
dass sich irgendwann
noch einmal
ein Sinn entdecken lässt.

Und dennoch
blühen auch an
abgeschnittenen Zweigen
wieder frische Knospen auf,
erwacht die Zuversicht
zu neuem Leben
und wächst dir langsam
wieder Freude zu
von Tag zu Tag.

Christa Spilling-Nöker

Der Nikolaustag (6. Dezember)

Von drauß vom Walde komm ich her;
ich muss Euch sagen, es weihnachtet sehr!
Allüberall auf den Tannenspitzen
sah ich goldene Lichtlein sitzen;
und droben aus dem Himmelstor
sah mit großen Augen das Christkind
hervor.
Und wie ich so strolcht' durch den
finsteren Tann,
da rief's mich mit heller Stimme an:
Knecht Ruprecht, rief es, alter Gesell,
hebe die Beine und spute dich schnell!
Die Kerzen fangen zu brennen an,
das Himmelstor ist aufgetan,
Alt und Junge sollen nun
von der Jagd des Lebens einmal ruhn;
und morgen flieg' ich hinab zur Erden,
denn es soll wieder Weihnachten werden!
So geh denn rasch von Haus zu Haus,
such mir die guten Kinder aus,
damit ich ihrer mag gedenken,
mit schönen Sachen sie mag beschenken.

Ich sprach: O lieber Herre Christ,
meine Reise fast zu Ende ist.
Ich soll nur noch in diese Stadt,
wo's eitel gute Kinder hat.
Hast denn das Säcklein auch bei dir?
Ich sprach: Das Säcklein, das ist hier,
denn Äpfel, Nuss und Mandelkern
fressen fromme Kinder gern.
Theodor Storm

Mit dem Ruprechts-Gedicht von Theodor Storm hat in so mancher Stube die Feier des Nikolausabends begonnen. Die Kinder mussten ein Gedicht aufsagen, bevor sie Kuchen, Äpfel und Nüsse genießen durften, die der Nikolaus in seinem großen Sack mitgebracht hatte.
Der Nikolaustag ist – mit Ausnahme der fastenfreien Sonntage – der einzige Tag in der Adventszeit, an dem man es mit dem Fasten nicht so genau nahm. Er erinnert an den Bischof Nikolaus von Myra, der in der ersten Hälfte des vierten Jahrhunderts gelebt haben und am 6. Dezember um das Jahr 350 gestorben sein soll.
In der byzantinischen Kirche wurde er aufgrund seiner vielen barmherzigen Taten bereits seit dem 6. Jahrhundert verehrt. Im Westen breitete sich der Kult um den Heiligen erst im 12. Jahrhundert aus, nachdem seine Gebeine unter Papst Urban II. von Myra nach Bari (Italien) überführt worden waren. Seine zahlreichen Wohltaten haben zu reicher Legendenbildung angeregt.

Das Wunder von Myra

In Myra herrschte eine große Hungersnot, unter der die Menschen sehr litten. Eines Tages legte ein Schiff im Hafen an, das bis zum Rand mit kostbarem Weizen beladen war. Als Nikolaus davon hörte, lief er sofort zum Hafen und bat den Kapitän, ihm hundert Säcke von dem Getreide zu geben, damit die Menschen Brot backen und Korn für eine neue Ernte säen konnten. »So helft doch, ihr könnt Leben retten!«, rief er verzweifelt aus. Der Kapitän aber wies diese Bitte strikt zurück. Das Korn komme aus Alexandrien und sei für den Kaiser bestimmt, es sei genau abgemessen worden, und wenn etwas fehle, müsse er seinen Kopf dafür hinhalten. Nikolaus aber antwortete: »Gebt mir die hundert Sack Getreide, und ich verspreche euch im Namen Gottes, dass euch bei der Ankunft kein Gramm fehlen wird.« Der Kapitän ließ sich durch diese Worte schließlich einnehmen und befahl den Matrosen, hundert Sack abzuladen. Nikolaus dankte ihnen dafür von ganzem Herzen.
Als das Schiff nach langer Fahrt in Rom anlegte, wurde das Getreide natürlich von den kaiserlichen Aufsehern gewogen und abgemessen. Und tatsächlich: Es fehlte nicht die geringste Menge an Korn. Der Kapitän und seine Besatzung waren über die Maßen erstaunt und erzählten überall von dem Erlebnis mit dem Bischof Nikolaus und dem Wunder, welches geschehen war.

Vom armen Mann und seinen Töchtern

Es war einmal ein armer Mann, der hatte drei Töchter. Doch ihm fehlte das nötige Geld, um sie verheiraten zu können. Er war völlig verzweifelt und fürchtete, er müsse seine Töchter auf die Straße schicken, damit sie das notwendige Geld für Essen und Trinken beschafften. Nikolaus erfuhr davon und beschloss, der Familie zu helfen. Um als Wohltäter unerkannt zu bleiben, stieg er heimlich bei Nacht auf das Dach des Hauses und warf durch den Kamin drei Goldklumpen hinunter. Was war das für eine Freude bei dem Vater und den Töchtern über dieses Geschenk, das gewissermaßen direkt vom Himmel gefallen war. Nun hatte die Not für die Familie ein Ende gefunden.

Von dieser Legende her hat sich der Brauch entwickelt, am 6. Dezember Strümpfe an den Kamin zu hängen oder Schuhe vor die Tür zu stellen, die ursprünglich mit Äpfeln, Nüssen und Mandeln gefüllt wurden. Nüsse und Mandeln symbolisieren das Wort Gottes: In einer einfachen, harten und hölzernen Schale ist ein süßer Kern verborgen. Der Mensch muss im Laufe des Lebens lernen, an das Geheimnis von Weihnachten, das sich in dem einfachen Stall und der harten, hölzernen Krippe verbirgt, vorzudringen, um die Süße, den Kern der Botschaft des Evangeliums, schmecken zu können.

Die bittere Hülle weist auf die Passion
von Jesus Christ, dem Gottessohn.
Die hölzerne Schale bedeutet den herben
Tod, den Jesus am Kreuz muss sterben.
Der Kern ist süß und ölhaltig zugleich:
Christus stillt unser Verlangen nach
seinem Reich,
sein göttliches Licht schenkt unserem Sein,
auf ewig einen himmlischen Schein.
Christa Spilling-Nöker

Der Apfel erinnert an das mit Adam und Eva verloren gegangene Paradies. Als »verbotene Frucht« des Paradieses wurde im Mittelalter der Apfel angesehen (»böse« heißt auf lateinisch *malus*, und der Apfelbaum heißt ebenso *malus*). Nach der Bibel ist mit Jesus Christus der neue Adam, der neue Mensch, in die Welt gekommen, durch den der »alte Adam« und damit zugleich die Sünde überwunden wurde und das verlorene Paradies wieder gewonnen ist. Deshalb hatte sich auch die Sitte eingebürgert, den Weihnachtsbaum unter anderem mit Äpfeln zu behängen, die Vorläufer unserer heutigen Weihnachtskugeln sind.
Seit dem Mittelalter war es an Klosterschulen Sitte, am Nikolaustag einen Kinderbischof zu wählen, der bis zum 28. Dezember, dem Gedenktag der von Herodes ermordeten »Unschuldigen Kindlein«, im Amt war. Ein durch eine penible Wahlordnung bestimmter Schüler verkleidete sich am Nikolaustag als Bischof und durfte die Macht im Kloster übernehmen: Er musste eine Rede halten, hatte das Recht, sowohl die Mönche als auch seine Mitschüler zu befragen und ihrem Benehmen nach zu rügen oder gar zu bestrafen, andererseits aber auch zu loben und mit Süßigkeiten zu belohnen. An den anderen Sonn- und Feiertagen genoss er eine Reihe von Privilegien.
Aus diesem Brauchtum entwickelte sich die Sitte, dass der Nikolaus am Vorabend des 6. Dezember, in ein Bischofsornat gekleidet, die Kinder in ihrem Wissen um den christlichen Glauben befragte und sie mit Süßigkeiten beschenkte. Dabei wurde er oft von Schreckgestalten begleitet, die jene Kinder bestraften, die nicht gelernt hatten oder nicht brav gewesen waren. Diese ursprünglich teuflischen, nunmehr aber gezähmten Figuren werden – bis heute – je nach Region Knecht Ruprecht, Krampus, Klausmänneken oder Buzebercht genannt. Ihre kultische Herkunft wird in den wilden Poltergeistern des Germanengottes Wodan vermutet, die in den Raunächten (24. Dezember bis 6.Januar) ihr Unwesen trieben.
Martin Luther hat das katholische Brauchtum zum Gedenken des heiligen Nikolaus von Myra um 1535 für die reformatorischen Christen abgeschafft und stattdessen die Sitte eingeführt, dass der »Heilige Christ« beziehungsweise das »Christkind« die evangelischen Kinder zu Weihnachten beschenkt. Allerdings erschien das »Christkind«, sicher gegen Luthers Intention, fortan meistens als Mädchengestalt in weißen Kleidern. Die Sitte der weihnachtlichen Bescherung der Kinder verbreitete sich, von den evangelischen Landstrichen ausgehend, im Laufe der Jahrhunderte über ganz Europa, konnte aber den traditionellen Nikolaustag nicht ersetzen.
Zur Erinnerung an die zahlreichen Wohltaten des Bischofs Nikolaus von Myra, den Schutzpatron der Seefahrer, Kaufleute, Bäcker, Schüler, Juristen, Diebe und Gefangenen, wurden die Spekulatien (*speculator*, lat. Aufseher, auch Bischof) gebacken, die in kunstvoll geschnitzten Holzmodeln ursprünglich nur den heiligen Nikolaus auf seinem Schimmel dargestellt hatten, im Laufe der Zeit aber auch andere Motive formten.

Anschaulich beschreibt der Maler *H. Wilhelm Tischbein* (1751–1829) in seinen Lebenserinnerungen: »Mein Großvater hatte die Formen dazu in Holz geschnitten. Da waren Hähne, die Augen mit Weiß gemalt, Hasen, Gemsen, Eichhörnchen, Hirsche, Reiter auf Pferden, Jungfern mit Reifröcken, Herrn mit Degen und Braut und Bräutigam, die Arm in Arm gingen; einzelne Herzen und zusammengefügte Herzen, auch schöne Blumen in allen Farben. Lange bewunderte ich diese lieben Blumen und zeichnete sie nach. Wir Kinder hatten eine ganze Sammlung, womit wir Monate lang den Winter hindurch spielten.«

Spekulatius

Zutaten:
- 500 g Weizenmehl
- 2 gestrichene Teel. Dr. Oetker's »Backin« [Backpulver]
- 200 g Zucker
- 1 Päckchen Dr. Oetker's Vanillinzucker
- 1 Teel. Zimt
- 1 Messerspitze gemahlene Nelken
- 1 Ei
- etwa 3 Eßl. Milch
- 175 g Butter

Das Mehl wird mit »Backin« gemischt, auf ein Backbrett gesiebt und zu einem Kranz auseinandergezogen. In die Mitte gibt man Zucker und Vanillinzucker und verrührt beides mit dem Ei, der Milch, den Gewürzen und etwas Mehl zu einem dicken Brei. Die Butter wird in kleine Stücke geschnitten, daraufgegeben, mit Mehl überstäubt und alles zu einem festen Teig verknetet. Man rollt ihn gleichmäßig aus, sticht Formen daraus oder drückt ihn in Spekulatiusformen. Die Plätzchen müssen nach dem Backen sofort vom Blech gelöst werden. Backzeit 15–20 Minuten bei Mittelhitze.

Dr. Oetkers Schulkochbuch, 1937

Eine andere Bezeichnung für Spekulatius war »Heiligenchristzeug«. Die berühmte Frauenrechtlerin *Helene Lange* (1848–1930) erzählt über ihre Kindheit in Oldenburg: »Etwa sechs Wochen vorher erschienen in den Bäckereien die ersten Vorzeichen. ›Heiligenchristzeug‹, ein Gebäck, das noch heute für mich der Inbegriff aller weihnachtlichen Gerüche, Geschmäcke und Gefühle ist; ›braune Kuchen‹ kamen erst in zweiter Reihe. Das Allerbeste gab es bei Bäcker Schütte in der Schüttingstraße. Es war mit allerlei altertümlichen Formen ausgestochen; wir hatten besondere Lieblinge darunter: Josua und Kaleb mit der Weintraube und den Elefanten. Ich bin nicht sicher, ob nicht gerade der bei diesen Figuren besonders ansehnliche Flächeninhalt dabei mitsprach; ein niedliches Pärchen, das in einer Laube saß, wurde selten gewählt, es wies zu viel Höhlungen auf.«

Ein weiteres Gebäck, das vornehmlich zum Nikolaustag aus Hefeteig hergestellt wurde und auch heute noch in den Bäckereien zu finden ist, sind besondere *Gebildbrote* wie *Klausen- oder Klasenmänner*: je nach Gegend werden sie als *Hefe- oder Stutenkerle* oder auch als *Dambedei* bezeichnet, deren Augen aus zwei Rosinen bestehen. Diese männliche Figur sollte ursprünglich, an germanische Traditionen erinnernd, das Jahr darstellen; der oft in der Mitte gelegte Teigstrang oder eine mitgebackene kleine Tonpfeife teilte sie in die aufsteigende und hinabführende Jahreshälfte. Im Laufe der Christianisierung wurden und werden sie als Erinnerung an den heiligen Nikolaus am 6. Dezember in die Schuhe gesteckt und, auch in den Tagen davor und danach, als spezifisches vorweihnachtliches Backwerk verkauft.

Der Luciatag (13. Dezember)

In der Adventszeit geht es oft hektisch zu. Weihnachtsplätzchen wollen gebacken, Geschenke besorgt und eingewickelt, Briefe geschrieben und Päckchen gepackt werden. Da ist es gut, sich allein, zu zweit oder in der Familie dann und wann einen ruhigen und besinnlichen Abend zu schenken. Der Luciatag lädt geradewegs dazu ein, Kerzen anzuzünden und sich dem Träumen zu überlassen. Wer aber war die heilige Lucia, deren Namen, aus dem Lateinischen übersetzt, »die Leuchtende« bedeutet und um die sich zahlreiche Legenden und Mythen ranken?

Luciabrötchen

Zutaten:
für 18 Luciabrötchen:
150 g Butter
3 Päckchen gemahlener Safran(0,3 g)
½ l Milch
130 g Zucker
50 g Hefe
1 TL Salz
850 g Weizenmehl
150 g Rosinen
150 g gehackte Mandeln
2 Eigelb und 2 EL Milch zum Bepinseln

Die Milch leicht erwärmen. In zwei Esslöffeln der erwärmten Milch den Safran auflösen und eine Prise Zucker hinzugeben. Die Hefe in eine Schüssel bröckeln und unter Rühren die erwärmte Milch hinzugeben, bis die Hefe sich gelöst hat. Einen EL Mehl dazugeben, unterrühren und den Hefeansatz 15 Minuten zugedeckt an einem warmen Ort gehen lassen. Das restliche Mehl sowie die restliche, möglichst noch warme Milch, Zucker, Salz sowie Mandeln und Rosinen (einige gehackte Mandeln und 36 Rosinen zurückbehalten) in einer Schüssel mischen, die weiche Butter in Flöckchen am Rand verteilen, den Hefevorteig dazugeben und alles mit den Knethaken der Küchenmaschine oder des Handrührgeräts (ca. 10 Minuten) zu einem geschmeidigen Teig verkneten. Den Teig 1 Stunde an einem warmen Ort zugedeckt gehen lassen, bis sich sein Volumen verdoppelt hat und dann erneut durchkneten.
Den Backofen auf 230 Grad vorheizen.
Nun lange Stränge von ca. 2 cm Durchmesser rollen und nach etwa 25 cm abschneiden. Die Stücke zu einem S formen und in die Mulden die restlichen Rosinen und gehackten Mandeln drücken. Die Eigelbe mit der Milch verrühren und die Luciabrötchen damit bepinseln, auf ein mit Backpapier ausgelegtes Backblech legen und noch einmal 20 Minuten gehen lassen; schließlich 7-10 Minuten auf der mittleren Schiene des Ofens backen. Auf dem Backblech abkühlen lassen.

Lucia bringt Licht ins Dunkel

Lucia wurde im dritten Jahrhundert in der Stadt Syrakus auf Sizilien geboren. Sie entstammte einer vornehmen Familie, sodass es verständlich ist, dass ihre Mutter sie mit einem angesehenen jungen Mann verheiraten wollte. Lucia aber hatte andere Pläne für ihr Leben. Sie ließ sich taufen und gelobte, dem weltlichen Leben zu entsagen und Nonne zu werden. Das war allerdings nicht ungefährlich, denn unter dem Statthalter Diokletian wurden Christen verfolgt und getötet.
Lucia aber verspürte aus der Kraft ihres Glaubens heraus keine Angst. Heimlich brachte sie Nahrungsmittel in die Katakomben, die unterirdischen Gänge, in denen sich Christen aus Angst vor Verfolgung versteckt hielten. Um beide Hände zum Tragen frei zu haben, setzte sie sich, um den richtigen Weg in den dunklen Grabkammern zu finden, eine Krone mit brennenden Kerzen auf den Kopf.
Lange Zeit hoffte Lucias heidnischer Bräutigam noch auf einen Sinneswandel der versprochenen Braut, doch er musste schließlich erkennen, dass sie ihn nicht heiraten würde. Gekränkt und enttäuscht zeigte er sie an, sodass sie zum Tode verurteilt wurde. Lucia aber blieb auch unter der Folter ihrem Gelöbnis treu, dass nur Jesus Christus ihr wahrer Bräutigam sei.
Man spannte sie gefesselt vor einen Ochsenkarren, um sie durch die Stadt zu fahren. Doch keiner der Ochsen war in der Lage, den Karren zu bewegen. Daraufhin hat man sie mit heißem Öl übergossen. Doch sie blieb unversehrt. Schließlich hat man sie mit dem Schwert getötet.
Bis zum 16. Jahrhundert galt der Vorläufer unseres heutigen Kalenders, der julianische Kalender. Nach dem julianischen Kalender fiel im Mittelalter die Wintersonnenwende auf den 13. Dezember. Dieser Tag des wieder heller werdenden Jahres, also der Tag des Lichts, wurde zum Gedenktag der heiligen Lucia. In Italien wird während des Gottesdienstes am Luciatag ein Mädchen als *Santa Lucia* mit Kerzen auf dem Kopf und in der Hand ausgesandt, um das Licht in die Gemeinde zu bringen. Wie der Luciabrauch von Sizilien nach Skandinavien gelangen konnte, ist ungewiss. Aber gerade in Dänemark, Schweden und Norwegen wird der Luciatag auf besondere Weise gefeiert: Die älteste Tochter im Haus stellt die Heilige dar, trägt am Morgen des Luciatags ein langes weißes Kleid und hat den Kopf mit einem grünen Kranz geschmückt, in den eine Reihe brennender Kerzen gesteckt

sind. So geht sie morgens von Zimmer zu Zimmer und bringt die ersten Kostproben der Weihnachtsplätzchen, ihr Licht ist Vorbote des Weihnachtslichts. In jeder Schule, jedem Kindergarten, jeder Universität in Schweden wird am Vorabend eine Lucia gewählt, die dann singend von Haus zu Haus zieht.

Lucia-Lied

Schwarze Schatten werfen Bäume,
Hof und Hütte sieht man nicht.
Tritt ein Gast in unsre Räume:
Lucia, sie trägt das Licht.

Hört, ein Rauschen wie von Schwingen
sanft die stumme Nacht durchbricht
wie ein wunderbares Singen:
Lucia, sie trägt das Licht.

Aus den Tälern flieht das Dunkel,
neuer Tag zeigt sein Gesicht
wie ein helles Sterngefunkel:
Lucia, sie trägt das Licht

Ulrich Sander nach dem schwedischen Lucia-Lied »Natten går tunga fjät«

Der Thomastag (21. Dezember)

Wüssten Sie gern, was die Zukunft bringt? Manche Menschen lesen dazu die Horoskope der Zeitschriften oder sie liebäugeln mit dem Gedanken, sich die Karten legen zu lassen. Früher war die Thomasnacht die Zeit, in der Orakelspiele für die Zukunft durchgeführt wurden.
Zunächst einmal ist die Nacht des 21. Dezember, seit der Einführung des gregorianischen Kalenders im 16. Jahrhundert, die längste Nacht des Jahres. Mit ihr begannen der keltischen Tradition nach die sogenannten Raunächte, die bis Neujahr währten. Heutzutage verstehen wir die zwölf Nächte zwischen dem ersten Weihnachtstag und dem 6. Januar als »Raunächte«; sie sind eine Art »Niemandszeit«, was bei uns in der Bezeichnung »zwischen den Jahren« noch zum Ausdruck kommt. Unseren Vorfahren galten sie als Heilige Nächte, in denen man sich still verhielt, mit der ganzen Familie zusammensetzte, um zu essen und zu trinken und Orakel zu befragen, was einem das kommende Jahr bringen würde. Von daher wurden diese Nächte oft auch als »Losnächte« bezeichnet. Das Bleigießen zu Silvester ist noch ein Relikt davon.
Woher stammt die Bezeichnung Raunächte? Einer Deutung nach geht sie auf den mittelhochdeutschen Begriff *rûch* (haarig) zurück. Wir kennen auch heute noch in der Kürschnerei den Ausdruck Rauchware für Pelze. Und in den Raunächten ging es um vielerlei Rituale um das Nutzvieh, zugleich aber auch um die mythischen Vorstellungen von Verwandlungen zwischen Menschen und Tieren zu Mischwesen, zu Werwölfen oder zu anderen haarigen Gestalten.
Eine andere Deutung geht davon aus, dass die Raunächte sprachlich auf das *Ausräuchern* von Höfen und Ställen mit Weihrauch zurückgingen. Die Raunächte galten als Zeit der »Wilden Jagd« der bösen Geister, die durch die Lüfte flogen und jede Menge Unheil anrichteten. Das Ausräuchern diente der Abwehr dieser Dämonen. Sicherheitshalber durften Frauen und Kinder nach Einbruch der Dunkelheit nicht mehr das Haus verlassen. Alle Räume mussten gründlich geputzt und aufgeräumt sein, weil die Geister jede Form von Unordnung bestraften. Viele Tätigkeiten waren untersagt. So sollte man aus mannigfachen Gründen keine Wäsche aufhängen, sein Bett nicht im Freien lüften, weder Haare noch Nägel schneiden oder Hülsenfrüchte essen. Bei Ungehorsam drohten als Folge die unterschiedlichsten Krankheiten. Mancherorts galt ein striktes Arbeitsverbot. Da in dieser Zeit auch nicht gebacken werden durfte, wurden zuvor reichlich Striezel und Stollen, Kletzenbrot und Birnenwecken als Opfergabe hergestellt, von denen sich die Seelen der Ver-

storbenen nähren sollten, die man in diesen Nächten erwartete – denn ihre Bewirtung verhieß Glück. Natürlich haben sich letztlich die Lebenden an den köstlichen Kuchen und Gebäcksorten gütlich getan. Durch die Christianisierung wurden einzelne Gebäcke dieses alten Brauchtums sprachlich mit dem Weihnachtsfest verbunden, wie es vor allem am »Christstollen« deutlich wird.
Die Wintersonnenwende am 21. Dezember erhielt durch den Thomastag eine christliche Deutung: Thomas war einer der engsten Jünger Jesu. Nach dem Johannesevangelium (20,24–29) hatte er den anderen Jüngern, die ihm von der Auferstehung Jesu erzählt hatten, nicht geglaubt, so wurde er zum »ungläubigen Thomas«. Erst als Jesus ihm selbst noch einmal erschien und ihn einlud, mit seinen Fingern die Wundmale der Kreuzigung zu berühren, war auch er von dessen Auferstehung überzeugt. Da Thomas am längsten im Zweifel verharrt hatte, hat man den Thomastag auf die längste Nacht des Jahres, auf die Wintersonnenwende, gelegt. In der katholischen Kirche hat man bei der Neuregelung des liturgischen Kalenders 1970 den Gedenktag des Apostels Thomas auf den 3. Juli vorgezogen; auf das Datum, als man seine Gebeine nach Edessa überführt hatte. In der evangelischen Kirche wird aber nach wie vor in der Nacht vom 21. auf den 22. Dezember des Apostels Thomas gedacht. Trotz der Änderung im katholischen Heiligenkalender finden mancherorts auch in katholischen Gegenden, vor allem in Niederbayern und Südtirol, traditionelle Rituale statt, die wohl auf alte mystische Bräuche zur Sonnenwende zurückgehen. Die Nacht vom 20. auf den 21. Dezember wird hier als erste von vier besonderen Raunächten (20./21. Dezember, 24./25. Dezember. 31. Dezember/1. Januar, 5./6. Januar) verstanden. Bei jungen Leuten waren früher in der Thomasnacht vor allem allerlei Orakelspiele beliebt, um einen Blick in die Zukunft zu werfen. Die heiratswilligen jungen Mädchen hofften, dabei zu sehen, wer einmal ihr zukünftiger Bräutigam werden würde.

Will jemand [in Nieder-Österreich] wissen, wen er heiraten werde, so mufs er am Thomasabend vor dem Schlafengehen den Bettstaffel treten. Dies besteht darin, dass man den untersten Theil des Bettes mit dem linken Fufse dreimal tritt, und dabei jedes Mal folgende Worte spricht:

Bettstaffel ich trit' dich,
heiliger Thomas ich bit' dich,
lass' mir erscheinen
den allerliebsten meinen.

Nachdem dieses dreimal gesprochen, mufs man sich umgekehrt in das Bett legen, also dass der Kopf dahin zu liegen kommt, wo gewöhnlich die Füfse liegen; auch darf man nicht auf der gewöhnlichen Seite in das Bett steigen, oder nach dem Bettstaffeltreten noch Anordnungen für den nächsten Tag machen und dergleichen, sondern man mufs gleich unmittelbar nach demselben über den Bettstaffel in das Bett steigen. Man glaubt, dass dann im Traum die erwünschte Person erscheinen werde.

Theodor Vernaleken (1859)

Überdies war der Thomastag in kulinarischer Hinsicht von Bedeutung, denn an ihm wurde das Hausschwein geschlachtet und verarbeitet; von daher wurde der Thomastag bisweilen auch als »Sautod« bezeichnet. Diese »Mettensau« war eigens für die fleischlichen Speisen gemästet worden, die man nach Ende der adventlichen Fastenzeit, nach der »Christmette«, an den weihnachtlichen Tagen genießen durfte.

Der Heilige Abend

Christnacht

Heil'ge Nacht, auf Engelsschwingen
nahst du leise dich der Welt,
und die Glocken hör' ich klingen,
und die Fenster sind erhellt.
Selbst die Hütte trieft von Segen,
und der Kindlein froher Dank
jauchzt dem Himmelskind entgegen,
und ihr Stammeln wird Gesang.

Heil'ge Nacht, mit tausend Kerzen
steigst du feierlich herauf,
o, so geh' in unsern Herzen,
Stern des Lebens, geh' uns auf!
Schau, im Himmel und auf Erden
glänzt der Liebe Rosenschein:
Friede soll's noch einmal werden
und die Liebe König sein!

Robert Eduard Prutz (1816–1872)

Der Christbaum und die Bescherung

Das Weihnachtsfest strahlt für uns von Kindheitstagen an einen geheimnisvollen Glanz aus. Eine wichtige Rolle spielt dabei sicher der Weihnachtsbaum, dessen Kerzenschein Kinderaugen zum Leuchten bringt.

Zuerst will ich Euch einen Christkindlesbaum beschreiben, dergleichen Ihr in Eurem Leben nicht gesehen habt, und die Pracht davon Euch kaum werdet vorstellen können.
Der stand nun mitten in einer Stube in der Ecke, und seine Zweige waren so ausgebreitet, daſs sie fast die Helfte der Decke der Stube bedeckten, und man darunter stand, wie unter einer Sommerhaube. An allen Aestchen und Zweigen hiengen nun allerhand kostbare Conditor- und Zuckerwaren, als: Engel, Puppen, Thiere und dergleichen, alles von Zucker: welches mit den Blüthen des Baumes gar artig harmonierte. Ferner hing auch vergoldetes Obst, von allen Sorten, in groſser Menge daran, so daſs man unter diesem Baume wie in einem Speisegewölbe sich befand; und es ist nur Jammerschade, daſs nicht auch Schinken und Bratwürste (wovon ich ein groſser Liebhaber bin)und Schwartenmägen, Ochsenfüſse, nebst gebratenen Tauben daran hingen ... Endlich war der ganze Baum, mit allen seinen Zweigen und Früchten, mit einem goldenen Netz, das von vielen tausend vergoldeten, und an Schnüre gereihten Haselnüssen gar künstlich zubereitet war, überzogen, und mit Girlanden und Bandelotten, wie an einem Kronleuchter geziert. Zwischen all diesen Kostbarkeiten leuchtete eine unzählige Menge an Wachslichtlein hervor, wie Sterne am Himmel, welches ein prächtiger Anblick war.
»Simplizianischer Wundergeschichts-Calender« von 1795

In unseren Breitengraden ist der Heilige Abend mit einem doppelten Brauch verbunden, der nach wie vor in vielen Familien lebendig ist: Erst an diesem Tag wird der Weihnachtsbaum ins Haus gebracht und geschmückt, und am Abend findet die Bescherung statt, der Austausch von Geschenken, vor allem für die Kinder. Auch der Brauch, dass die (kleinen) Kinder das Weihnachtszimmer erst zur Bescherung betreten dürfen, wenn der Raum in seinem weihnachtlichen Glanz erstrahlt, hat sich bei vielen bis heute erhalten.

Jahrhundertelang verband sich der Brauch des Schenkens mit der Erinnerung an den heiligen *Nikolaus,* einen Bischof aus dem vierten Jahrhundert aus Kleinasien. In Griechenland selbst gilt der große Bischof Nikolaus als Patron der Seefahrer, die Geschenke für die Kinder allerdings bringt ein anderer, *Agios Wasilis,* der heilige Basilius, an seinem Gedenktag am 1. Januar. In Italien ist der »Weihnachtsmann« dagegen weiblich: Hier bringt die *Weihnachtshexe Befana* den Kindern die Geschenke am 6. Januar, dem Epiphaniastag, von dem sich auch der Name der Gabenbringerin herleitet. Um das Weihnachtsbrauchtum auf Jesus zu konzentrieren, begründete Martin Luther den Brauch, das Schenken auf den Heiligen Abend zu legen und Jesus selbst, dem »Heiligen Christ«, zuzuschreiben.

Der Christbaum ist der schönste Baum,
den wir auf Erden kennen.
Im Garten klein, im engsten Raum,
wie lieblich blüht der Wunderbaum,
wenn seine Lichter brennen.
Johannes Carl (1806–1887)

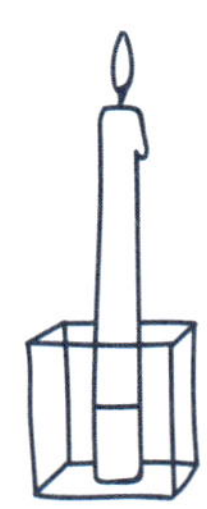

Der Lichterbaum Die frühesten Belege für den Brauch, zu Weihnachten einen Tannenbaum zu schmücken, stammen aus dem 16. Jahrhundert und weisen ins Elsass. Der 24. Dezember, der Vorabend vor dem Weihnachtsfest, ist zugleich der Gedenktag von Adam und Eva. So verbindet sich der Anfang der Menschheit mit ihrem neuen Anfang in Jesus Christus. Der Christbaum wurde als Paradiesbaum gesehen, mit Äpfeln geschmückt und mit Kerzenlichtern, die an das neue Licht erinnern sollen, das in die Welt gekommen ist. Bis heute schmücken bunte Glaskugeln und Kerzen den weihnachtlichen Lichterbaum, der oft von einem Stern gekrönt wird. Er soll an den Stern erinnern, der den Heiligen Drei Königen den Weg zum neugeborenen Jesuskind gewiesen hat. Im 18. Jahrhundert verbreitete sich der Brauch, einen Weihnachtsbaum aufzustellen, in Deutschland und Österreich und trat von dort seinen Siegeszug in der ganzen Welt an.

Der Weihnachts-karpfen

Karpfen in Biersoße

Zutaten:
Für vier Personen:
1 Karpfen (etwa 1 kg)
Saft von 1½ Zitronen
1 Bund Suppengrün
50 g Butter
20 g Mehl
2 Flaschen Malzbier
100 g Lebkuchen
1 Lorbeerblatt
2 Schalotten
1 Zitronenscheibe
1 El Rosinen
1 El blättrig geschnittene Mandeln
Salz
Zucker
Garnierung:
Petersilienblättchen

Vor der Küche: Den vom Fischhändler vorbereiteten Karpfen unter fließendem Wasser gründlich waschen und – falls noch nicht geschehen – schuppen, Flossen und Kopf abtrennen. Den Fisch trockentupfen, in Portionsstücke schneiden und mit dem Saft einer Zitrone beträufeln.
Zubereitung: Das Suppengrün waschen, klein schneiden und in der erhitzen Butter anschwitzen. Mehl einstreuen, Farbe nehmen lassen und eine Flasche Bier angießen. Den Lebkuchen in dem restlichen Bier einweichen. Das Lorbeerblatt, die geputzten, klein geschnittenen Schalotten sowie die Zitronenscheibe zugeben. Den eingeweichten Lebkuchen zugeben und alles bei mäßiger Hitze etwa 20 Minuten garen lassen. Die Karpfenstücke in die Soße geben und den Fisch je nach Größe weitere 25 Minuten gar ziehen lassen. Kurz vor Ende der Garzeit die Rosinen und die Mandeln zugeben und alles mit dem Saft einer halben Zitrone sowie mit Salz und Zucker abschmecken.
Servieren: Die Fischstücke auf einer vorgewärmten Platte anrichten, die Soße darüber verteilen und mit Petersilienblättchen bestreuen.

Merkzettel: Ältere Karpfen sollten vor dem Verzehr längere Zeit in klarem Wasser gehalten werden. Sie verlieren so ihren moosigen Geschmack.
Aus der alten böhmischen Küche

Dem Heiligen Abend wohnt eine besondere Atmosphäre inne. In aller Stille ahnt man schon den Jubel der Weihnachtsfreude. So wird er als Vorabend des Weihnachtstages einerseits zwar schon festlich begangen; andererseits zählte er in der katholischen Kirche noch zur Fastenzeit, sodass sich die Tradition spezieller Fischgerichte entwickelt hat, zu denen bis heute sowohl herzhafte *Heringssalate* als auch unterschiedliche Zubereitungsformen von *Karpfen* und *Hecht* zählen.

Der Fisch galt als »reines Tier«. Er ist uraltes Sinnbild des Wassers und damit zugleich ein Symbol für Fruchtbarkeit und Leben. Die griechische Bezeichnung für Fisch, ICHTHYS, wurde mit den Anfangsbuchstaben von Jesu Namen und seiner Bedeutung in Verbindung gebracht:

I	Iesus	Jesus
CH	Christos	Christus
TH	Theou	Gottes
Y	Hyios	Sohn
S	Soter	Retter

In der Bibel spricht Jesus zu seinen Jüngern: »Kommt her und folget mir nach! Ich werde euch zu Menschenfischern machen« (Matthäusevangelium 4,19). Das Motiv des Fischzugs im Zusammenhang mit der Taufe, der Gewinnung von neuen Gläubigen, ging vom Sprachgebrauch in frühchristlichen Ansprachen in die Katakombenmalerei des zweiten Jahrhunderts ein.

Im Mittelalter wurden Karpfen und Hecht noch andere Bedeutungen beigemessen. Im Kopf der jeweiligen Fische sollten sich die Marterwerkzeuge Jesu Christi befinden, und aus den Kopfknochen konnte man angeblich eine taubenähnliche Vogelgestalt zusammensetzen, die an den Heiligen Geist erinnern und vor dem Zauber böser Hexen schützen sollte.
Da die Klöster für alle Fastentage und -wochen eine Unmenge an Fischen brauchten, legten sie seit dem Mittelalter Fischteiche an und gründeten damit die Teichwirtschaft, in der zunächst der aus Asien stammende Karpfen gezüchtet wurde, später aber unter anderem auch Schleien, Forellen, Karauschen (das sind karpfenähnliche Fische), Hechte und Zander. In Böhmen, wo die bekanntesten Teichwirte arbeiteten und sich

auch spezielle Karpfengerichte entwickelt haben, heißt die Vorrichtung zum Ablassen des Wassers heute noch »Mönch«.

Madame Kröger führte ihnen das Wort, indem sie in der appetitlichsten Art die beste Manier auseinandersetzte, Karpfen in Rotwein zu kochen … »Wenn sie in ordentliche Stücken zerschnitten sind, Liebe, dann mit Zwiebeln und Nelken und Zwieback in die Kasserolle, und dann kriegen Sie sie mit etwas Zucker und einem Löffel Butter zu Feuer … Aber nicht waschen, Liebste, alles Blut mitnehmen, um Gottes willen« …
Thomas Mann, Buddenbrooks

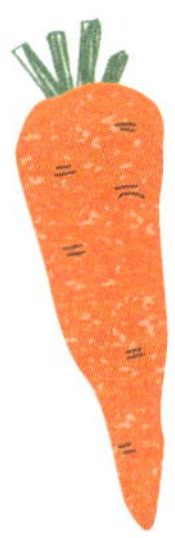

Bevor man einen Karpfen auf die ein oder andere Weise zubereitet, sollte man sich mit seinen aus heutiger Sicht wohl nicht mehr ganz ernst zu nehmenden »gesundheitlichen Auswirkungen« vertraut machen, so wie es von einem Anonymus in einem alten Kochbuch heißt: »Die Karpfen sind zwar nicht so gesund als die Hechte und Persiche, doch können sie eben auch einem gesunden Magen nicht schaden. Kranken Leuten dienen die Karpfen nicht … weil dadurch der Magen leicht erkältet wird, und man also gar leicht ein Fieber daran essen kann.
Zur Arzney dienet der Karpfenstein, welcher, wenn er geschabet und davon eingenommen wird, den Stein im Mund zermalmet und abtreibt. Die Karpfengalle, wenn man böse Augen damit schmieret, heilet sie. Man vertreibt auch damit die Schwaben.«

Die Mettensuppe

Nach dem von langen Gebeten begleiteten Verzehr der Fastenspeise am Nachmittag oder Abend machte sich die Familie zur Kirche auf, um in der mitternächtlichen Christmette die Geburt Jesu Christi zu feiern. Der Begriff »Mette« bezeichnet einen nächtlichen Gottesdienst, er ist nicht von »Messe« abgeleitet, sondern vom lateinischen *Matutin,* dem Wort für das klösterliche Nachtgebet. Von den Familien blieb in der Regel ein Mitglied, zum Beispiel die Großmutter oder der Großvater, zu Hause, um das Haus zu hüten und das Essen zu richten. Denn nach der Rückkehr von der Christmette war die Fastenzeit ja vorüber, und man versammelte sich zum ausgiebigen Verzehr der Mettensuppe, einer fetten Brühe mit Fleisch und Würsten, für deren Herstellung die eigens dafür gemästete Mettensau am 21. Dezember, dem Thomastag, geschlachtet worden war. In die Suppe hineingegeben wurden die in dünne Scheiben geschnittenen *Zelten* (weißes Brot), die zuvor in Butter oder Schmalz knusprig angeröstet worden waren. Oftmals legte man zugleich auch Mettenstroh unter den Tisch; es sollte das Stroh symbolisieren, auf dem Jesus in der Krippe gebettet worden war. In Bayern und Siebenbürgen sollen sich die Bauern in der Heiligen Nacht auf dem Stroh zum Schlafen niedergelegt haben, um es dem Christkind gleich zu tun.
Vom Mettenmahl wurde ein kleines Stück Brot aufgehoben: Im Frühjahr wurde es zerkrümelt und mit der ersten Saat in das Feld gestreut, um das Ackerland in der Hoffnung auf Wachstum und Gedeihen am Weihnachtssegen teilhaben zu lassen; ebenso wurde der letzte Schluck Most oder Wein verwahrt, mit dem man im Frühjahr die Wurzeln der Bäume begoss.
Der Brauch, in der Christnacht eine Mettensuppe zu essen, wird in verschiedenen Gemeinden, vornehmlich im Salzburger Land, auch gegenwärtig noch eingehalten und gilt in einigen Hotels dort als Touristenattraktion. Dabei handelt es sich heutzutage um eine Rindfleischbrühe, in die gekochtes Rindfleisch, Nudeln, Gemüse sowie geräucherte Schweinswürste oder Klößchen aus Kalbsbratwurstbrät gegeben werden.

Das Grandhotel Straubinger war zu den Glanzzeiten Bad Gasteins das größte Hotel in diesem Kurort des Salzburger Landes. In der Familientradition der Straubingers gab es für die Feiertage eine genau festgelegte Speisenfolge.
So gab es am Heiligen Abend, dem Bachltag, erst um zehn Uhr vormittag ein Milchkoch, Erbsensuppe und Vorrichtspeisen, dazu Milch; die Jause um zwei Uhr bestand aus Brot, Käse, Bier oder Branntwein, das Abendessen brachte aufgegangene Nudeln – heute Wuchteln genannt – in Schmalz gebacken, mit heißem Honig übergossen, dann ein Vorgericht bestehend aus »Romerbohnen« [im Römertopf gegarte rote und weiße dicke Bohnen], roten Rüben oder Erdäpfelsalat. Nach der heiligen Mette um Mitternacht genoß man eine Brotsuppe mit geselchten Würsteln, zum Schlusse an einer »Honigmeise« aufeinandergelegte Schnitten Butter mit Honig.
Rudolf Holzer

Das Neunerlei

Regional unterscheiden sich die spezifischen Essen zu den Festtagen natürlich. So steht im Vogtland und im Erzgebirge am Heiligabend bis heute in vielen Familien, aber auch in Gaststätten, das bekannte »Neunerlei« auf dem Tisch, wie es im »Heilig-Ohmd-Lied« heißt:

Mir ham aah Neinerlaa gekucht,
a Worscht unn Sauerkraut.
Mei Mutter hot sich oh geploocht,
die alte, gute Haut.

Zu Papier gebracht haben soll diese Zeilen die 1784 in Annaberg geborene *Johanne Amalie von Elterlein*. Das »originale« Neunerlei gibt es allerdings nicht. Je nach Region oder nach der Familie und ihren überlieferten Rezepten setzt es sich aus neun unterschiedlichen Speisen zusammen, wobei jeder Speise eine bestimmte Bedeutung zugeschrieben wird.

Im Allgemeinen gehört Sauerkraut dazu, damit einem das Leben nicht sauer wird, Klöße, damit einem das große Geld nicht ausgeht (dafür stehen auch Karpfen und Hering), sowie eine Bratwurst, auf dass einem Kraft und Herzlichkeit erhalten bleiben – womit wir schon bei drei Gängen wären. Fleisch, ganz gleich, ob es sich um einen Braten von Schwein, Gans oder Kaninchen handelt, verheißt Glück, Kraft und Wohlstand. Für das nötige Kleingeld im kommenden Jahr sorgen Hülsenfrüchte wie Linsen, Erbsen oder Hirse. Der gelegentlich aufgetischte Selleriesalat steht selbstredend für Potenz und Fruchtbarkeit. Die manchmal schon zu Beginn des Essens servierte Buttermilch möge vor Erkältungskrankheiten bewahren, und Mandeln und Nüsse sorgen dafür, dass der Lebensweg wie »geölt« verlaufen möge. Pilze und Rüben sollen Gesundheit, Glück und Freude bringen; auch das Kompott, das zum Nachtisch serviert wird, steht für Lebensfreude.
Aber warum müssen es ausgerechnet neun Speisen sein? Die Erklärung ist so simpel wie einleuchtend: Dreimal drei ist neun, und die Zahl drei war schon von jeher eine Glückszahl. Zudem bedeutet die Neun im Christentum auch eine Verdreifachung der göttlichen Dreifaltigkeit von Vater, Sohn und Heiligem Geist und gilt somit als Zahl der Vollkommenheit – als Zahl, die auf das Heilige verweist.

Weihnachten

Weihnachtsmorgen

Das Fenster
weit öffnen,
wenn das Morgenrot
den Horizont erhellt
und Glockengeläut
die Stille durchklingt.
Der Geburt des
göttlichen Kindes
nachträumen,
bis du das Wunder
der Weihnacht
in deiner Tiefe
zu ahnen beginnst.

Christa Spilling-Nöker

Woher stammt eigentlich unser heutiges Wort Weihnachten? Es leitet sich her von dem mittelhochdeutschen *zu den wyhe nahten,* den geweihten, also Heiligen Nächten.
Auf den 25. Dezember wurde das Fest der Geburt Jesu Christi im vierten Jahrhundert in Rom festgelegt, und zwar in zeitlichem Bezug zur Wintersonnenwende, das heißt in Anbindung an die Freudenfeste zur Ehre des römischen Sonnengottes Saturn, die *Saturnalien,* die vom 17. bis 24. Dezember gefeiert wurden, sowie das Fest der »Unbesiegten Sonne« (*Sol invictus*) am 25. Dezember. Dadurch wurde der Bevölkerung der Übergang von den heidnischen »Sonnenfesten« zur Feier dessen erleichtert, den die Christenheit als das »Licht der Welt« bekennt (Johannes 8,12).

Wann ist Weihnachten? Im östlichen Teil des Römischen Reiches hatte sich als Gedenktag der Geburt Christi der 6. Januar herausgebildet, ein Fest, das heute alle Kirchen als »Epiphanie« begehen. Später übernahmen auch die östlichen Kirchen das Fest des 25. Dezember. Der Grund, warum es in manchen orthodoxen Kirchen – wie der russischen – am 7. Januar gefeiert wird, liegt darin, dass dort für kirchliche Feste die Kalenderreform im 16. Jahrhundert, der vom Papst angeregte astronomisch genauere »gregorianische Kalender«, nicht übernommen wurde. Da die Differenz zwischen dem alten julianischen und dem gregorianischen Kalender mittlerweile 13 Tage beträgt, ist der 25. Dezember nach julianischem Kalender mittlerweile der 7. Januar unseres gregorianischen Kalenders. Der Verbleib der orthodoxen Kirchen beim julianischen Kalender spielt auch eine Rolle bei der unterschiedlichen Berechnung des Osterfest-Datums.

Krippe und Christstollen

Weihnachten ist eine Zeit der Lieder – so wie in der biblischen Weihnachtserzählung des Lukasevangeliums die Engel die Ersten sind, die ein Lied für das neugeborene Kind singen.

Es begab sich aber zu der Zeit, dass ein Gebot von dem Kaiser Augustus ausging, dass alle Welt geschätzt würde. Und diese Schätzung war die allererste und geschah zu der Zeit, da Cyrenius Landpfleger von Syrien war. Und jedermann ging, dass er sich schätzen ließe, ein jeglicher in seine Stadt. Da machte sich auch auf Josef aus Galiläa, aus der Stadt Nazareth, in das jüdische Land zur Stadt Davids, die da heißt Bethlehem, darum dass er von dem Hause und Geschlechte Davids war, auf dass er sich schätzen ließe mit Maria, seinem vertrauten Weibe, die ward schwanger. Und als sie daselbst waren, kam die Zeit, da sie gebären sollte. Und sie gebar ihren ersten Sohn und wickelte ihn in Windeln und legte ihn in eine Krippe; denn sie hatten sonst keinen Raum in der Herberge. Und es waren Hirten in derselben Gegend auf dem Felde bei den Hürden, die hüteten des Nachts ihre Herde. Und siehe, des HErrn Engel trat zu ihnen, und die Klarheit des HErrn leuchtete um sie; und sie fürchteten sich sehr. Und der Engel sprach zu ihnen: Fürchtet euch nicht! siehe, ich verkündige euch große Freude, die allem Volk widerfahren wird; denn euch ist heute der Heiland geboren, welcher ist Christus, der HErr, in der Stadt Davids. Und das habt zum Zeichen: ihr werdet finden das Kind in Windeln gewickelt und in einer Krippe liegen. Und alsbald war da bei dem Engel die Menge der himmlischen Heerscharen, die lobten Gott und sprachen: Ehre sei Gott in der Höhe und Frieden auf Erden und den Menschen ein Wohlgefallen.

Lukasevangelium 2,1–14

Die ersten Weihnachtslieder feierten vor allem, dass der »Gott in der Höhe« nun auf die Erde kommt. Später stand vor allem die menschliche Szene im Mittelpunkt: das neugeborene Kind, das keinen anderen Platz findet als in einer Futterkrippe im Stall. In dem italienischen Dorf Greccio »spielte« *Franz von Assisi* (1182–1226) die Nacht von Bethlehem nach: Er ließ für den Weihnachtsgottesdienst einen Stall herrichten mit lebenden Tieren und frischem Heu. Etwa zur gleichen Zeit war es in Frauenklöstern Brauch, Jesuskinder aus Wachs zu wiegen und in kostbare Stoffe zu wickeln, in Weiß (Unschuld), Rot (Liebe) und Grün (Demut) – bis heute sind es unsere Weihnachtsfarben!

Ein Wickelkind zum Essen: Zu den traditionsreichsten Gebäcken der Weihnachtszeit gehört der Christstollen, volkstümlichen Deutungen nach symbolisiert der mit Zucker bepuderte Laib das in Windeln gewickelte Christuskind. Urkundlich erwähnt wurde er das erste Mal 1329 in Naumburg an der Saale. Einem alten Schriftstück nach hatten sich die Naumburger Bäcker dazu bereitgefunden, ihrem Bischof Heinrich und seinem Gefolge zu Weihnachten »zween lange Weizenstollen, wozu ein halber Scheffel Weizenmehl verwandt werde«, zu überbringen.

Der sächsische Landesfürst ließ sich von dieser Sitte dazu inspirieren, auch für sich und seinen Hof zwei Weihnachtsstollen von je 1,50 Meter Länge und etwa 36 Kilo Gewicht einzufordern, die von acht Meistern und acht Gesellen zum Schloss getragen wurden. Diese Tradition nahm erst 1918 mit dem Untergang der Monarchie ihr Ende.

Stollen (Striezel)

Man nehme hierzu 2 Kilo Mehl, 1 Liter gute Milch, ½ Kilo Butter, 125 Gr. Hefe, 125 Gr. Korinthen (Weinbeeren) und eben so viel große Rosinen (Zibeben), 62 Gr. fein gestoßene süße Mandeln und 250 Gr. gestoßenen Zucker. Zum Bestreichen der Stollen lässt man etwas Butter und Zucker zurück. Will man backen, so macht man den Tag vorher alles zurecht. Vor allen Dingen muss das Mehl an einen warmen Ort gesetzt werden, damit es zum Gebrauche nicht kalt ist.

Sollen nun die Stollen den nächsten Tag zu einer bestimmten Stunde gebacken werden, so fängt man 4 Stunden vorher an, den Teig auf folgende Weise einzurühren: Das Mehl wird zuerst durchgesiebt, dann tut man 3 Teile davon in den Backtrog. Die Butter muss weich gemacht sein; jedoch darf sie nicht zerlaufen. Die trockene Hefe wird mit lauer Milch aufgelöst, die andere Milch wird lauwarm gemacht.

Hierauf macht man in den einen Teil des Mehls in der Mitte eine Vertiefung, gießt in diese zuerst die Hefe und vermengt sie mit etwas Mehl. Nun macht man in den zweiten Teil des Mehls ebenfalls eine Vertiefung, gießt die Milch hinein und vermengt sie auch mit etwas Mehl. Ist dieses geschehen, so vereinigt man beide Teile gut miteinander; dann knetet man die Butter hinein, streut Zucker und Mandeln über den Teig, arbeitet alles mit dem dritten Teil Mehl mit beiden Händen recht durcheinander und zwar so lange, bis der Teig anfängt, sich von den Händen abzulösen; zuletzt mischt man noch die Rosinen, welche nicht zu kalt sein dürfen, gut darunter. (Tut man die Rosinen gleich mit in die Masse, so werden sie zerdrückt und das Gebäck wird unansehnlich.) Nun breitet man ein weißes Tuch in einen Korb, bestreut es gut mit Mehl, legt den Teig hinein und bestreut diesen dann auch mit Mehl, setzt ihn an den warmen Ofen und lässt ihn so lange gehen, bis er zum Bäcker getragen wird. Sollte er zu schnell anfangen, aufzugehen, so setze man ihn etwas vom Ofen zurück. Von diesem Teig bekommt man drei schöne Stollen; nach dieser Weise kann man auch mehr oder weniger backen.

Wenn die Stollen nun aus dem Backofen kommen, so bestreicht man sie auf beiden Seiten mit zerlassener Butter und bestreut sie mit Zucker.

Illustriertes Viktoria-Kochbuch der nord- und süddeutschen Küche von Hedwig Hohenwald, Oranienburg 1891

Zunächst zählte der Christstollen, der im Jahr 1474 auf einer Rechnung des christlichen Bartholomäus-Hospitals an den Dresdner Hof beurkundet und dort als »Christbrod« bezeichnet worden war, zum Fastengebäck. Denn den Vorschriften der Kirche entsprechend bestanden seine Zutaten nur aus Mehl und Hefe, etwas Wasser und Öl. Im Jahr 1450 baten die Kurfürsten Ernst und Albrecht von Sachsen Papst Nikolaus V. in einem Zeremonialschreiben um die Genehmigung, dem Gebäck Butter beifügen zu dürfen. Doch erst nachdem fünf Päpste das Zeitliche gesegnet hatten, erlaubte Papst Innozenz VIII. im Jahr 1491 in seinem »Butterbrief«, dass für die Zubereitung des Stollens Butter statt Öl verwendet werden könne; er verband diesen Erlass jedoch mit der Zahlung eines Bußgeldes, dem sogenannten »Buttergeld«, das vornehmlich dem Bau und Erhalt bedeutender Kirchen zufloss.

Die ahnungsvolle, glückliche Stimmung für das Fest hatte in der frühesten Jugend, als ich noch durch die billigen Kleinigkeiten befriedigt werden konnte, Platz in mir gewonnen. Daſs Geschenke und Christbäumchen später fehlten, vermiſste ich nicht. Meine ganze Glückseligkeit konzentrierte sich in den Stollen, die erst am Heiligen Abend gebacken wurden, vorher hatte ich die im Jahre gesammelten Pflaumenkerne aufzuklopfen, die statt bitterer Mandel benutzt wurden. Über die Behaglichkeit dieser Arbeit ging nichts. Erst spät in der Nacht kehrte die Mutter mit dem Backwerk vom Bäcker nach Hause zurück; die Wohnung wurde mit süſsem Duft erfüllt. Ich hatte kein Schlafbedürfnis und wachte mit dem Vater, der das Spätaufbleiben erlaubt hatte. Nachdem die Stollen glücklich angelangt waren, ging ich ruhig zu Bett und erwachte um sechs Uhr früh, wenn das Fest mit den Glocken eingeweiht wurde, in gehobener Stimmung, die der Geburt des Christkindes galt und der Aussicht auf köstliche Stollen zum Kaffee und schulfreie Festtage …

Ernst Rietschel (1804–1861)

Mettensau und Weihnachtsgans

Schweinekarree, mit der Schwarte gebraten

Zutaten:
3–4 Pfd. Fleisch
1 großer Eßl. Salz
Prise Pfeffer
1/8 l Wasser
1 Zwiebel
1 Gelbrübe
1/16 l Bier
Zum Beiguß:
¼ l Fleischbrühe
1/8 l Rahm
oder 1 Teel. angerührtes Stärkemehl

Das Fleisch, von einem jungen, wenig fetten Schwein stammend, wird gewaschen, nebst den Gewürzen und dem kochenden Wasser in einer Pfanne in den heißen Backofen gestellt und zwar muß das Fleisch auf der Schwarte liegen, damit diese etwas auskochen kann. Nach etwa ½ Std. dreht man das Fleisch um, kerbt die Schwarte netzartig ein und stellt die Pfanne zum Weiterbraten wiederum in den Backofen, aber so, daß nur die Haut nach oben schaut. Alsdann bratet man das Fleisch unter fleißigem Begießen bis sich eine braune Kruste gebildet hat, deren schönes Aussehen man die letzte Viertelstunde durch Bestreichen mit Bier zu erhöhen sucht. Beim Anrichten wird der Beiguß entfettet, die Fleischbrühe zugegeben und mit saurem Rahm oder angerührtem Stärkemehl sämig gemacht. Nach Belieben kann man an Stelle von Bier auch den Rahm über das Fleisch gießen und braun überbacken lassen. Bratezeit 2 Std.
Kochbuch der Haushaltungs- und Kochschule des Badischen Frauenvereins, 1918

Schinken in Burgunder

Zutaten:
Ein Rollschinken, etwa 5 Pfd. wiegend
Zum Kochen:
6 l Wasser
Zum Dämpfen:
1 l Burgunder
1 Zwiebel
1 Stückchen Sellerie
1 Gelbrübe
1 Petersiliensträußchen
Zum Beiguß:
50 g Fett
90 g Mehl
¼ l Tomatenmark
2 ¼ l Schinkenbrühe
1 Teel. Salz

Der Schinken wird mit kaltem Wasser beigestellt, zum Kochen gebracht und vorsichtig 1 Std. gekocht, und zwar soll das Wasser stets nur kleine Bläschen ziehen. Sodann wird der Schinken herausgenommen, die Schwarte vorsichtig abgezogen und der Schinken mit Burgunder oder einem sonstigen starken Rotwein, Zwiebel, geputzten Selleriestückchen, Petersiliensträußchen in eine nicht zu große gußeiserne Bratpfanne gelegt. Diese stellt man in den heißen Backofen und bratet den Schinken unter öfterem Begießen 1 Std. (Ist der Schinken größer, muß dementsprechend längere Koch- und Bratezeit gerechnet werden.) 10 Min. vor dem Auftragen wird der Schinken glasiert, und zwar geschieht dies in gut heißem Ofen durch fortwährendes Begießen mit dem eingedämpften Bratensaft. Der Schinken, der nun ein braunglasiges Aussehen haben soll, wird herausgenommen, heißgestellt und dem Bratensaft der fertig gekochte, braune Beiguß zugegeben. Nach dem Aufkochen treibt man ihn durch ein Sieb, zerlegt den Schinken so, daß man oben eine Verzierung mit Spieß und Zitronenkörbchen anbringen kann. Als Gemüsebeigabe
eignet sich Rosenkohl und dgl. Der braune Beiguß wird aus Fett und Mehl hergestellt, mit Tomatenmark und Schinkenbrühe angefüllt und soll vor der Zugabe zum Bratensaft mindestens 3–4 Stunden kochen.
Kochbuch der Haushaltungs- und Kochschule des Badischen Frauenvereins, 1918

Am Vormittag des Weihnachtstages finden in den Kirchen festliche Gottesdienste statt. Im Mittelpunkt der häuslichen Feier steht seit alters her das weihnachtliche Festessen. Man tafelte – nach den Fastenwochen – das Beste auf, was man sich leisten konnte, was natürlich schichtenspezifisch sehr unterschiedlich aussah. Wer eine Mettensau geschlachtet hatte, verfügte über große Fleischmengen. Vermutlich ergaben sich von daher aus rein praktischen Gründen Schweinebraten und später auch Schinken als Festspeise.
Eine andere Erklärung für den üblichen Verzehr von Schweinebraten zu Weihnachten knüpft an vorchristliche germanische Sagen an. Da die Menschen sich vor dem Gott Odin fürchteten, opferten sie ihm von jeder ihrer Mahlzeiten einen Teil: meistens ein Stück vom Wild- oder Hausschwein. Und wenn Odin in den zwölf Raunächten, der Zeit zwischen unserem Heiligen Abend und dem Epiphaniastag, vorüberbrauste, wurde ihm sogar ein ganzer Eber gebraten.

Aus welchem Grund die Gans den Schweinebraten als Weihnachtsessen abgelöst hat, ist ungewiss. Möglicherweise steht dahinter der katholische Brauch, an St. Martin

(11. November), ehemals der letzte Tag vor Beginn der vorweihnachtlichen Fastenzeit, eine Gans zu verzehren und zu Weihnachten das Fasten mit eben diesem gleichen Gericht wieder zu brechen.
Unabhängig davon galt die Gans schon seit alters her als Opfer- und Speisetier, wie es von Ägypten, dem antiken Griechenland und den Römern her belegt ist. Die Gans war ein fettreiches Nahrungsmittel und bot darüber hinaus mit ihren Federn Stopfmaterial für Decken und Kissen. Oder wie es ein serbisches Sprichwort sagt: Gänse werden nicht ihres Gesanges wegen gemästet.
In dem Kochbuch *Daz buoch von guter spîse,* der in Würzburg um 1350 niedergeschriebenen ältesten Sammlung von 96 Rezepten in deutscher Sprache, findet sich ein Rezept für die Zubereitung eines festlichen Gänsebratens.

Gänsebraten um 1350

Diz ist ein guot fuelle.
Stoz ein gans an einen spiz und suet das gekroese, nim vier eyer gesoten herte vnd nim dor zvo eine brosmen schoenes brot vnd kuemel dar zvo vnd ein wenig pfeffers und saffrans, vnd nim dri gesoten huones lebern. Mals zvo sammene mit ezzige vnd mit huener sode, zvo massen sur, vnd schele zwiboln vnd snide sie duenne vnd tuo sie denne in einen hafen, tuo dor zvo smaltz oder wazzer vnd lat sie sieden, daz sie weich werden. vnd nim denne sur epfele, snit die kern her vz. Als die zwiboln gar sin gesoten, wirf die epfele dar zvo, daz ez weich belibe, vnd tuo denne daz gemalne vnd die epfele vnd die zwiboln alle in ein phannen, vnd als die gans gebraten ist, so zvo lide sie, lege sie in ein schoen vaz vnd guez daz condimente dar veber vnd gib sie hin.

Übersetzung:
Dies ist ein gutes Essen
Steck eine Gans an einen Spieß und koch das Gekröse. Nimm vier hart gekochte Eier und gib Krummen von schönem Weißbrot und Kümmel dazu und ein wenig Pfeffer und Safran, und nimm drei gekochte Hühnerlebern. Verrühre sie mit Essig und Hühnerbrühe, aber nicht zu sauer, und schäle Zwiebeln und schneide sie dünn und tu sie dann in einen Topf, tu dazu Schmalz oder Wasser und lass sie sieden, damit sie weich werden. Und nimm saure Äpfel, schneide die Kerne heraus. Wenn die Zwiebeln gar sind, gib die Äpfel dazu, dass sie weich werden, und gib das Gemisch und die Äpfel und die Zwiebeln in eine Pfanne, und wenn die Gans gebraten ist, so lege sie in ein schönes Gefäß und gieße die Soße darüber und serviere sie.

In dem Familienroman »In Zeiten abnehmenden Lichts«, der in der damaligen DDR spielt, beschreibt *Eugen Ruge,* wie Weihnachten 1976 eine »Burgundische Klostergans« zubereitet wurde: »... aus deren väterlichem Kleingarten jene getrockneten Aprikosen stammten, außerdem Quitten und dickschalige Winterbirnen, die Irina schälte und würfelte und zusammen mit den schon eingeweichten Aprikosen sowie halbierten Feigen aus dem Russenmagazin, Rosinen (die sie anstelle von Weintrauben benutzte), Esskastanien (die sie eigenhändig auf den Caputher Hügeln gesammelt hatte!) und etwas strunkigen, deshalb feingeschnittenen Kuba-Orangen (die sie schlicht und einfach im Laden gekauft hatte!) in eine Pfanne gab, in reichlich Butter andünstete, mit armenischem Kognak ablöschte und als Füllung in ihre Weihnachtsgans stopfte, die sie nach einem dreihundert Jahre alten Rezept zubereitete und die, weil das Rezept angeblich von burgundischen Mönchen stammte, Burgundische Klostergans hieß. Obwohl die Gans gut fünf Kilo wog, überfiel Irina, als sie das ausgenommene, gewaschene, gesalzene, angestochene und gefüllte Tier in den Ofen schob, die schreckliche Frage, ob es für alle reichen würde ... Irina beschloss, auch die Innereien zu braten:

Herz, Magen, Leber. Gewöhnlich briet sie die Innereien erst am nächsten Tag und verzehrte sie zusammen mit den aufgewärmten Resten der Gans im Laufe der Weihnachtsfeiertage – ein Hochgenuss! … Irina schnitt die Innereien in Portionshäppchen, würzte sie kräftig mit Pfeffer, warf sie in eine Pfanne mit heißem Kokosfett und ließ sie auf kleiner Flamme brutzeln, während sie den Bratenfond vorbereitete, das Eigentliche, Wichtigste an der Klostergans: ein Gemisch aus Kognak, Honig und Portwein, das der Gans eine süße, halb aus Honig, halb aus Fruchtzucker bestehende, pechschwarze Kruste verlieh … Abgesehen von der burgundischen Gans war die Küche am Weihnachtstag deutsch. Außer Rotkohl und Grünkohl gab es noch Thüringer Klöße (die komplizierteste aller Kloßvarianten), Kartoffeln für Kurt, der keine Klöße aß, außerdem einen deftigen Rettichsalat als Vorspeise, rote Grütze als Nachspeise und selbstgebackenen Weihnachtsstollen zum anschließenden Kaffee – und das alles im Überfluss, denn nichts verabscheute Irina mehr als die Frage, ob es reichen würde.«

Der Komiker *Heinz Erhardt* (1909–1979) hat die Vorfreude auf den Gänsebraten hingegen in humoristische Verse gefasst:

Tiefgefroren in der Truhe
liegt die Gans aus Dänemark.
Vorläufig läſst man in Ruhe
sie in ihrem weiſsen Sarg.
Ohne Bein, Kopf und Gekröse
ruht sie neben dem Spinat.
Ob sie wohl ein wenig böse
ist, daſs man sie schlachten tat?
Oder ist es doch zu kalt ihr?
Man sieht's an der Gänsehaut …
Nun, sie wird bestimmt nicht alt hier:
morgen wird sie aufgetaut.
Hm, welch Duft zieht aus dem Herde
durch die ganze Wohnung dann!
Macht, daſs gut der Braten werde,
morgen kommt der Weihnachtsmann!
Heinz Erhardt

Einer weltlichen Legende nach hatte die englische Königin Elisabeth I. im Jahr 1588 zu Weihnachten gerade eine Gans gegessen, als ihr die frohe Nachricht von dem Sieg über die spanische Armada überbracht worden war. Zur Erinncrung daran soll sie die Gans zum »Weihnachtsbraten« erklärt haben. Auch in Deutschland ist es bis heute Brauch, an Weihnachten eine Gans zu essen, während in England sowie in den Vereinigten Staaten sich inzwischen der Truthahn als traditionelles Weihnachtsessen eingebürgert hat.

Von einem »Puter« an Weihnachten berichtet auch *Thomas Mann* für das bürgerliche Weihnachtsmenü der »Buddenbrooks«: »Um neun Uhr ging man zu Tische. Wie alljährlich an diesem Abend war in der Säulenhalle gedeckt worden. Die Konsulin sprach mit herzlichem Ausdruck das hergebrachte Tischgebet: ›Komm, Herr Jesus, sei unser Gast und segne, was du uns bescheret hast‹, woran sie, wie an diesem Abend üblich, eine kleine mahnende Ansprache schloß, die hauptsächlich aufforderte, aller derer zu gedenken, die es an diesem heiligen Abend nicht so gut hätten, wie die Familie Buddenbrook … Der Puter, gefüllt mit einem Brei von Maronen, Rosinen und Äpfeln fand das allgemeine Lob. Vergleiche mit denen früherer Jahre wurden angestellt, und es ergab sich, daß dieser seit langer Zeit der größte war. Es gab gebratene Kartoffeln, zweierlei Gemüse und zweierlei Kompott dazu, und die kreisenden Schüsseln enthielten Portionen, als ob es sich bei jeder einzelnen nicht um eine Beigabe und Zutat, sondern um das Hauptgericht handelte, an dem sich alle sättigen sollten. Es wurde alter Rotwein von der Firma Möllendorpf getrunken.

Der kleine Johann saß zwischen seinen Eltern und verstaute mit Mühe ein weißes Stück Brustfleisch nebst Farce in seinem Magen. Er konnte nicht mehr so viel essen wie Tante Thilda, sondern fühlte sich müde und nicht sehr wohl; er war nur stolz darauf, daß er mit den Erwachsenen tafeln durfte, daß auch auf seiner kunstvoll gefalteten Serviette eins von diesen köstlichen, mit Mohn bestreuten Milchbrötchen gelegen hatte, daß auch vor ihm drei Weingläser standen, während er sonst aus dem kleinen goldenen Becher, dem Patengeschenk Onkel Krögers, zu trinken pflegte ... Bevor man zu Butter und Käse überging, ergriff die Konsulin noch einmal das Wort zu einer kleinen Ansprache an die Ihrigen. Wenn auch nicht alles, sagte sie, im Laufe der Jahre sich so gestaltet habe, wie man es kurzsichtig und unweise erwünscht habe, so bleibe doch immer noch übergenug des sichtbarlichen Segens übrig, um die Herzen mit Dank zu erfüllen. Gerade der Wechsel von Glück und strenger Heimsuchung zeige, daß Gott seine Hand niemals von der Familie gezogen, sondern daß er ihre Geschicke nach tiefen und weisen Absichten gelenkt habe und lenke, die ungeduldig zu ergründen man sich nicht erkühnen dürfe. Und nun wolle man, mit hoffendem Herzen, einträchtig anstoßen auf das Wohl der Familie, auf ihre Zukunft, jene Zukunft, die da sein werde, wenn die Alten und Älteren unter den Anwesenden längst in kühler Erde ruhen würden ... auf die Kinder, denen das heutige Fest ja recht eigentlich gehöre ...«

Während der traditionelle Braten für die bürgerliche Familie zuzeiten Thomas Manns ein fester Bestandteil der Familienfeier war, halten viele heute Ausschau nach einer fleischfreien Alternative, einem »veganen Festtagsbraten«.

Veganer Weihnachtsbraten

Zutaten:
für den Braten:
200 g Maronen (gegart)
200 g Borlotti-Bohnen (gekocht)
250 g braune Linsen (gekocht)
1 EL geröstete Pinienkerne
Semmelbrösel
2 EL Tomatenmark
1 gehackte Zwiebel
2 EL gehackte Kräuter (Majoran, Thymian, Rosmarin)
3 EL Pflanzenöl
1 EL Feigensenf
1 Kastenform (Länge 25 cm)
Salz, Pfeffer, Muskatnuss, geräuchertes Paprikapulver, Thai-Curry
Öl und Semmelbrösel

Zutaten für die Sauce:
Suppengrün (1–2 Möhren, 50 g Knollensellerie, ½–1 Lauchstange)
2–3 Schalotten
2–3 Knoblauchzehen
Pflanzenöl
Chayennepfeffer oder Piment d'Espelette
2 EL Tomatenmark
(brauner) Zucker
250 ml trockener Rotwein
250 ml Gemüsebrühe
1 EL getrockneter Rosmarin gemörsert
2 Zweige Thymian
1 Lorbeerblatt
Pimentkörner, schwarze Pfefferkörner, Salz
Zitronenabrieb
Rote Marmelade (z. B. Preiselbeeren)
Weinbrand
Salz und Pfeffer aus der Mühle
Evtl. Zuckerkulör

Braten: Den Backofen auf 200°C Ober-/Unterhitze vorheizen. Die Maronen zerdrücken, die Borlotti-Bohnen pürieren, alles mit den Linsen vermischen. Tomatenmark, 3 EL Öl, 1 EL Feigensenf, Zwiebeln, Kräuter, Pinienkerne und 3 EL Semmelbrösel unterrühren und mit den angegebenen Gewürzen würzen. Die Kastenform mit Öl auspinseln und mit Semmelbröseln ausstreuen. Die Bratenmasse hineingeben und 45 Minuten bei 180 Grad Ober/Unterhitze garen.
Braten und Sauce am Vortag zubereiten und kühlen. Braten vor dem Servieren stürzen, mit etwas Sauce glacieren und ca. 15 Minuten im Backofen wärmen. Restliche Sauce erhitzen.

Sauce: Öl mit etwas Piment d'Espelette oder Chayennepfeffer erhitzen. Die kleingeschnitten Schalotte darin schwenken. Das klein geschnittene Suppengemüse und die zerdrückten Knoblauchzehen hinzugeben und einige Minuten anbraten. Dann das Tomatenmark hinzugeben, leicht zuckern und anrösten lassen (ca. 2 Minuten). Mit Rotwein und Gemüsebrühe ablöschen. Lorbeerblatt, Körner von Piment und schwarzem Pfeffer, zerstoßenen Rosmarin und Thymianzweige hinzufügen und salzen. Bei geringer Hitze mindestens 1 Stunde vor sich hin köcheln lassen.
Die Sauce durch ein feines Sieb geben. Die weichgekochten Einlagen pürieren (Mixer oder Pürierstab) und anschließend durch das Sieb passieren. So viel von der Masse zur Flüssigkeit geben und verschlagen, bis die gewünschte Sämigkeit der Sauce erreicht ist. Abschließend mit Salz, Pfeffer aus der Mühle, Zitronenabrieb, roter Marmelade (z. B. Preiselbeeren) und Weinbrand abschmecken und noch einmal aufkochen lassen. Evtl. mit einem Spritzer Zuckerkulör eindunkeln.

Der Stephanustag (26. Dezember)

Überall gehören zu dem weihnachtlichen Gebäck die Moppen [eine besondere Art von Lebkuchen], in vielen Gegenden werden dazu handtellergroſse, runde Honigkuchen mit einem dicken weiſsen Zuckerguſs gebacken, die Pflastersteine. Beide Gebäckarten erinnern an die Steine, mit denen Stephanus getötet wurde, und machen wirklich schmeckbar, daſs für den Gläubigen auch das Härteste und das Bitterste süſs wird. Allein von der Weihnachtsbotschaft her können wir getrost durch diese friedliche Welt gehen.
Otto Schlißke

Stephanus war einer der ersten sieben Diakone der urchristlichen Gemeinde von Jerusalem gewesen. Er hatte viele Zeichen und Wunder vollbracht und galt als Mann voller Weisheit und Gnade.
Doch Menschen, die ihm nicht wohlgesonnen waren, hetzten das Volk mit der Lüge auf, er habe Gott gelästert und bestellten zur Absicherung ihrer Aussagen falsche Zeugen. Im Rückblick auf die Geschichte Israels hielt Stephanus den Hohepriestern vor Augen, dass schon ihre Vorfahren die von Gott gesandten Propheten verfolgt und getötet hätten, so wie auch sie selbst den Weisungen des Heiligen Geistes nicht gefolgt wären. Diese Worte führten zur allgemeinen Empörung und zur Steinigung des Stephanus. Trotz allen Hasses, der ihm entgegenschlug, konnte Stephanus im Blick auf seine Widersacher noch in der Stunde des Todes sagen: »Herr, rechne ihnen diese Sünde nicht an!«

Christas Pflastersteine

Zutaten:
250 g flüssiger Honig
100 g Zucker
50 g Butter
1 EL Wasser
1 Ei
2 TL gemahlener Zimt
100 g Rohmarzipan
3 Tropfen Backöl Bittermandel
Abrieb von einer unbehandelten Zitrone
1 Prise Salz
400 g Weizenmehl
6 TL (gestrichen) Backpulver
75 g gehackte Mandeln
30 g fein gehacktes Orangeat
Milch zum Bestreichen
100 g Hagelzucker
gegebenenfalls Puderzucker und Orangenlikör

Den Honig, die Butter und das Wasser in einen Topf geben und nach und nach unter ständigem Rühren erwärmen, bis sich der Zucker aufgelöst hat; die Masse abkühlen lassen. Mandeln, Orangeat, Salz, Bittermandelöl und abgeriebene Zitronenschale unter die Masse rühren. Die Marzipanrohmasse mit dem Ei verquirlen und ebenfalls unterrühren. Das Mehl mit dem Backpulver mischen, sieben und nach und nach esslöffelweise unterrühren, bis man den Teig mit den Händen kneten kann. Sollte er noch kleben, etwas Mehl dazugeben. Der Teig soll aber nicht hart werden, sondern locker bleiben. Aus dem Teig mit nassen Händen Kugeln von ca. 1½ cm Durchmesser formen. Die Kugeln etwas flachdrücken, die Oberseite mit Milch bestreichen und den Hagelzucker eindrücken. Alternativ dazu kann man die Kugeln auch ohne Milch und Hagelzucker auf das Blech legen und abbacken. Dann werden sie nach dem Erkalten mit einem dicken Zuckerguss aus Puderzucker und Wasser (oder Orangenlikör) überzogen. Im vorgeheizten Backofen bei 180 Grad C. auf mittlerer Schiene etwa 15 Minuten backen.

Der Gedenktag des heiligen Stephanus ist der 26. Dezember, also der zweite Weihnachtstag. Die Alte Kirche hatte den Gedenktag zu Ehren des Stephanus bewusst unmittelbar hinter das Fest der Geburt Jesu gelegt, um deutlich zu machen, dass die Freude über die Geburt und die Bedrohungen des Lebens im Zusammenhang zu sehen sind. Stephanus wurde in der Ostkirche bereits im 4. Jahrhundert, in der römischen Kirche seit dem 5. Jahrhundert verehrt. Die orthodoxen Kirchen gedenken des heiligen Stephanus am 27. Dezember.

Der Jahreswechsel

Neujahrsgebet

Herr, setze dem Überfluss Grenzen
und lasse die Grenzen überflüssig werden.
Lasse die Leute kein falsches Geld machen
und auch Geld keine falschen Leute.
Nimm den Ehefrauen das letzte Wort
Und erinnere die Ehemänner an ihr erstes.
Schenke unseren Freunden mehr Wahrheit
und der Wahrheit mehr Freunde.
Gib den Regierenden ein besseres Deutsch
Und den Deutschen eine bessere Regierung.
Herr, sorge dafür, dass wir alle in den Himmel kommen
Aber nicht sofort!

Gebet des Pfarrers von
St. Lamberti in Münster 1883

Johannestag Johannesminne (27. Dezember)

Als sich der Evangelist Johannes, so erzählt es die Legende, eine Weile in Kleinasien aufgehalten hat, soll er dort von dem Oberpriester Aristodemus dazu angehalten worden sein, ein Götzenopfer darzubringen. Würde er sich weigern, müsse er einen Giftbecher leeren, von dem vor ihm schon zwei Schurken getrunken hätten, die danach gestorben seien. Johannes schlug das Kreuz über dem Kelch; daraufhin entfuhr ihm das Gift in Gestalt einer Schlange und Johannes leerte den Becher, ohne Schaden zu nehmen. Zudem warf er seinen Mantel über die beiden Missetäter, woraufhin diese wieder zum Leben erwachten. Als Aristodemus diese Wunder sah, bekehrte er sich zum Christentum.
Diese Legende begründet die Segnung des Johannesweins in der Messe am 27. Dezember, dem Johannestag, die in einigen Gemeinden bis heute praktiziert wird. Der geweihte Wein soll all jene, die davon trinken, vor schlimmen Krankheiten bewahren und in jederlei Hinsicht für das Heil ihres Leibes und ihrer Seele sorgen. Der Johanneswein, auch Johannesminne genannt, wird der Gemeinde vom Priester mit den Worten: »Trinke die Liebe des heiligen Johannes im Namen des Vaters, des Sohnes und des Heiligen Geistes. Amen«, dargereicht. Viele Gläubige kaufen nach der Messe in mitgebrachten Flaschen von dem geweihten Wein; zu Hause trinken die Familien aus einem Becher davon; früher durften selbst die kleinsten Kinder ein paar Tropfen kosten. Der Rest wird sorgsam verwahrt, um möglicherweise Kranke damit zu stärken. Bisweilen wird die Johannesminne aber auch aus anderen Anlässen gereicht, zum Beispiel Brautpaaren, bevor sie einander im Traugottesdienst das Ja-Wort geben. Pilger und Reisende erhalten von dem geweihten Wein, damit sie unversehrt wieder nach Hause zurückkehren und Sterbenden wird der Trunk als Stärkung für die letzte Reise gespendet.

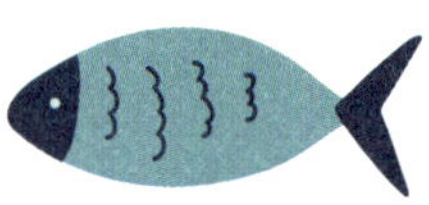

An s. Johannes des evangelisten tag, weil er ohne schaden gift getrunken, trank man des Johannes segen oder Johannes trunk, nemlich einen bitteren wermutwein oder dergleichen, etwan mit kren, zuvor uf dem altar geweihet.
Chronik des Enoch Widmann (16. Jh.)

Möglicherweise hat dem Kult um die Johannesminne ursprünglich ein heidnisches Trankopfer zugrunde gelegen. Neben Tieropfern und dem Verbrennen von Kräutern wurden, zumeist an besonderen Kultplätzen, auch Flüssigkeiten wie Wasser oder Wein vergossen, um den Göttern zu huldigen. Einige Forscher vermuten, dass der Brauch der Johannesminne an alte Rituale aus den Raunächten erinnert, mit denen dem Gott der Liebe gehuldigt wurde; bei den Germanen wohl dem leidenschaftlichen Gott Freyr, der im Verlauf der Christianisierung mit dem jugendlich gedachten Johannes, dem Apostel des Friedens und der Liebe, gleichgesetzt wurde.

Silvester

An Silvester feiern wir, oft zusammen mit Freundinnen und Freunden oder auf einer Party den Übergang vom alten zum neuen Jahr. Woher aber kommt die Bezeichnung Silvester für den Altjahrsabend?
Dieser Tag trägt seinen Namen nach dem Todestag von Papst Silvester I., dessen Pontifikat vom 31. Januar 314 bis zum 31. Dezember 335 währte. Die Bedeutung dieses Papstes liegt in seinem Beitrag zur Bekehrung der römischen Gesellschaft zum Christentum, nachdem Kaiser Konstantin der Große, der von 306 bis 337 regierte, den bis dahin unterdrückten und verfolgten christlichen Glauben 313 im Mailänder Edikt als Religion an-

erkannt und zu allgemeiner Religionsfreiheit aufgerufen hatte.
Als Altjahresabend wird der Silvestertag jedoch erst seit der Einführung des gregorianischen Kalenders im Jahr 1582 begangen. Die Gestaltung dieses letzten Tages im Jahr ist mit mannigfachem abergläubischem Brauchtum verbunden; das orakelhafte Bleigießen zum Beispiel hat eine Tradition, die bis ins Mittelalter reicht (*siehe Thomastag* ↗ S. *36*). Daneben hatten sich zahlreiche Bräuche etabliert, bei denen durch Lärmen und Schießen böse Geister vertrieben und gute ins Leben gerufen werden sollten. Heutzutage ist der Glaube an Geister beim Radaumachen wohl weitgehend hinter die Freude getreten, dass ein neues Jahr beginnt, das mit einem Feuerwerk oder inzwischen auch mit imposanten Lasershows begrüßt wird.
Im kulinarischen Bereich hat man Geflügelspeisen in dem Aberglauben vermieden, es könne einem im nächsten Jahr das Glück davonfliegen. Vielerorts hat sich als Festessen am Silvesterabend ein Fischgericht, vor allem der Karpfen durchgesetzt. Eine seiner Schuppen im Portemonnaie sollte dafür sorgen, dass einem im kommenden Jahr das Geld nicht ausging. Auch der Hering gehört traditionell zu Silvester.

Der Hering ist ein salzig Tier,
er kommt an vielen Orten für.
Wer Kopf und Schwanz kriegt,
hat kein Glück.
Am besten ist das Mittelstück.
Es gibt auch eine saure Art,
in Essig wird sie aufbewahrt.
Geräuchert ist er alle Zeit
ein Tier von groſser Höflichkeit.
Wer niemals einen Hering aſs,
wer nie durch ihn von Qual genas,
wenn er mit Höllenpein erwacht,
der kennt nicht seine Zaubermacht!
Drum preiset ihn zu jeder Zeit,
der sich der Menschheit Wohl geweiht,
der heilet, was uns elend macht,
dem Hering sei ein Hoch gebracht!
Heinrich Seidel (1842–1906)

Ähnlich verhält es sich mit der vermutlich aus Italien stammenden Gepflogenheit, Silvester oder Neujahr ein Linsengericht zu essen. Die Linsen symbolisieren vom Aussehen her kleine Münzen, und je mehr Linsen man isst, mit umso mehr Talern wird man, diesem abergläubischen Brauch nach, im neuen Jahr beglückt.
In manchen Regionen ließ man Reste des Silvesteressens als Symbol dafür auf dem Tisch stehen, dass einem das neue Jahr Fruchtbarkeit und Überfluss bescheren möge.
Zum Silvesterabend gehören außer besagten Speisen natürlich Getränke. Das mag Bier, Wein oder Sekt sein und zu späterer Stunde vielleicht auch Glühwein oder Punsch, mit dem man um Mitternacht anstoßen und das Neue Jahr in heiterer Laune oder gar mit philosophischen Gedanken begrüßen kann.

An Silvester brannten die Kerzen des Christbaums zum zweitenmal. Nach dem Ladenschluſs um 10 Uhr ging mein Vater fort, um sich mit Geschäftsfreunden zu treffen. Pünktlich um 11 Uhr war er zurück und brachte die groſse Neujahrsbrezel mit. Die wurde nun gemeinsam herausgewürfelt. Eine Viertelstunde vor zwölf stand unsere Mutter leise auf, und 5 Minuten vor zwölf kam sie mit dem Tablett mit Glühwein; Gebäck stand auf dem Tisch. Wir legten Würfel und Karten beiseite, öffneten das Fenster und horchten auf den Glockenschlag 12 Uhr. Erst umarmten sich die Eltern und wünschten sich ein gutes, gesegnetes neues Jahr, dann kamen wir Kinder, dem Alter nach, erst zum Vater, dann zur Mutter. Still hörten wir dem Glockengeläute zu, das Herz voll Dank gegen Gott für meine Eltern und voll der guten Wünsche und Vorsätze.
Erzählung einer 1893 geborenen Frau aus Heilbronn

Silvesterfisch: Eingelegte Bratheringe

Zutaten:
1 kg grüne Heringe
Salz
Zitronensaft
20 g Mehl
80 g Fett
¼ l Essig
1/8 l Wasser
50 g Zwiebelscheiben
1 Eßl. Senfkörner
6–8 Pfefferkörner

Die ausgenommenen und gewaschenen Heringe werden von den Köpfen befreit und mit Salz und Zitronensaft gewürzt. In Mehl gewendet, werden sie in Fett goldbraun gebraten und in einen Steintopf gelegt. Man kocht den Essig mit Wasser und Gewürzen auf und gibt ihn erkaltet darüber. Sie können nach 3–4 Tagen gegessen werden.
Dr. Oetker's Schulkochbuch, 1937

Holländischer Punsch

1 Teil durchgesiebter Zitronensaft, 2 Teile geriebener Zucker, 4 Teile feiner Arrak in einem Glase gemessen. Das wird in einem kleinen Geschirrchen zugedeckt auf dem Feuer geschmolzen und mit 8 Teilen kochendem Wasser durchgerührt.
Aus: Henriette Davidis, Illustriertes praktisches Kochbuch für die bürgerliche und feine Küche, neu bearbeitet von Helene Faber, 1912

Wo aber kommt der Punsch, dieses herrlich würzige und wärmende Getränk her? Es waren englische Seefahrer der Ostindien-Kompanie, die im 17. Jhd. Punschrezepte aus Indien mit nach Europa brachten. Das Wort »Punsch« leitet sich aus der Hindisprache von *pantsch* ab und bedeutet fünf. Diese Zahl stand für die 5 Zutaten: Arrak, Zitrone, Zucker, Tee oder Wasser und Gewürze. Da die Gewürze damals sehr teuer waren, hat man wohl häufig auf sie verzichtet, so dass man, wie Schiller, auf vier Zutaten kam.

Punschlied

Vier Elemente,
Innig gesellt,
Bilden das Leben,
Bauen die Welt.

Preßt der Zitrone
Saftigen Stern,
Herb ist des Lebens
Innerster Kern.

Jetzt mit des Zuckers
Linderndem Saft
Zähmet die herbe
Brennende Kraft.

Gießet des Wassers
Sprudelnden Schwall,
Wasser umfänget
Ruhig das All.

Tropfen des Geistes
Gießet hinein,
Leben dem Leben
Gibt er allein.

Eh es verdüftet
Schöpfet es schnell,
Nur wenn er glühet,
Labet der Quell.

Friedrich Schiller

Neujahr

Mit einem kräftigen »Prost Neujahr« stoßen wir im Allgemeinen auf das neue Jahr an. Vielleicht fassen wir sogar eine Reihe guter Vorsätze, in der Hoffnung, dass wir wenigstens einige davon halten.

Der Neujahrstag ist eher ein weltliches als ein kirchliches Fest. Der erste Tag des neuen Jahres wurde seit 45 v. Chr. schon bei den Römern gefeiert, und zwar mit ausschweifenden Gelagen. Wenngleich die Christen diese heidnischen Sitten ablehnten, blieben sie in der Bevölkerung lebendig. Auf mehreren Konzilien, unter anderem auf dem von Tours 567 und von Toledo 633, erklärte die katholische Kirche den Neujahrstag als Buß- und Sühnetag, um dem ausgelassenen, götzendienerischen Treiben ein Ende zu setzen – allerdings ohne nachhaltige Wirkung.
In Rom hingegen entwickelte sich im 6. Jahrhundert am 1. Januar ein Fest der Marienverehrung, später feierte man den Oktavtag von Weihnachten. Doch auch diese Bemühungen, den Neujahrstag zu christianisieren, nützten nicht viel. Im Gegenteil: Am Ende des ersten Jahrtausends entstand sogar ein Narrenfest mit Maskeraden und Tanzveranstaltungen, bei dem selbst Gottesdienste parodiert wurden. Dieses Brauchtum hat sich später auf die Faschingszeit verschoben.
Unter Bezug auf das Lukasevangelium (Lukas 2,21) beging die Kirche seit dem 13. Jahrhundert am 1. Januar das Beschneidungsfest Jesu, zu dem später das Gedenken der Namensgebung Jesu hinzukam. Erst seit dem 17. Jahrhundert setzte sich der 1. Januar als Neujahrstag in Deutschland durch. Die katholische Kirche hat mit der Kalenderreform des letzten Konzils den Oktavtag von Weihnachten wieder zum Marienfest erklärt; zudem hat ihn Papst Paul VI. zum »Weltfriedenstag« ausgerufen, der seit 1968 begangen wird.

In ländlichen Gegenden wurde und wird zum Teil heute noch vor den Nachbarhäusern das neue Jahr angesungen, um Fleisch, Wurst, Punsch oder eine andere Gabe zu erhalten. Es ist auch immer noch üblich, sich Glücksbringer wie Schweine oder Schornsteinfeger aus Marzipan, oft mit einem Glückspfennig, heute mit einem Cent versehen, zu schenken. Zu solchen Glücksbringern zählten früher vielerlei Gebildbrote, die oft schon an Silvester gebacken wurden. Noch in heidnischen Zeiten waren Tier- und Götterbilder aus Teig mit der Hand geformt worden, um den Armen, die sich kein Opfertier leisten konnten, einen Ersatz zu ermöglichen. Mit der Gestaltung von Neujahrskranz und Hefezopf versuchte man sich auf magische Weise gegen böse Geister und wilde Dämonen zu schützen. In vielen Gegenden hat sich der seit Jahrhunderten währende Brauch, am Neujahrstag eine süße Brezel als Liebes- oder Glücksbringer zu verschenken oder zu essen, bis heute erhalten.

Der Neujahrstag ward zu jener Zeit durch den allgemeinen Umlauf von persönlichen Glückwünschungen für die Stadt sehr belebend. Wer sonst nicht leicht aus dem Hause kam, warf sich in seine besten Kleider, um Gönnern und Freunden einen Augenblick freundlich und höflich zu sein. Für uns Kinder war besonders die Festlichkeit in dem Hause des Grofsvaters an diesem Tage ein höchst erwünschter Genufs. Mit dem frühsten Morgen waren die Enkel schon daselbst versammelt, um die Trommeln, die Hoboen und Clarinetten, die Posaunen und Zinken, wie sie das Militär, die Stadtmusici und wer sonst alles ertönen liefs, zu vernehmen. Die versiegelten und überschriebenen Neujahrsgeschenke wurden von den Kindern unter die geringern Gratulanten ausgetheilt, und wie der Tag wuchs, so vermehrte sich die Anzahl der Honoratioren. Erst erschienen die Vertrauten und Verwandten, dann die untern Staatsbeamten; die Her-

ren vom Rathe selbst verfehlten nicht ihren Schultheifs zu begrüfsen, und eine auserwählte Anzahl wurde abends in Zimmern bewirthet, welche das ganze Jahr über kaum sich öffneten. Die Torten, Biscuitkuchen, Marzipane, der süfse Wein übte den gröfsten Reiz auf die Kinder aus …

Johann Wolfgang von Goethe, Dichtung und Wahrheit Bd. III

Neujahrshippen

Zutaten:

1 Pfund feinstes Mehl
250 g gestoßener Kandis
200 g frische abgeklärte Butter
1 Ei
abgeriebene Zitronenschale und Zimt
nach Belieben auch 1 Eßlöffel ausgesuchter Anissamen

Der Kandiszucker wird in 3/8 l kochendem Wasser aufgelöst, etwas abgekühlt, mit der geschmolzenen Butter, dem Mehl, Gewürz und Ei eine gute Weile tüchtig gerührt und wo möglich erst am anderen Tage gebacken. Man gibt jedesmal einen Eßlöffel voll, oder so viel, als zum dünnen Bedecken des Eisens notwendig ist, hinein, bestreicht solches anfangs und zuweilen mit einer Speckschwarte, macht das Eisen langsam zu, bäckt die Kuchen auf beiden Seiten in 2–3 Minuten gelb und biegt sie im Eisen zu kleinen Rollen.

Anmerkung: Zum Backen gehört ein ruhiges Holzkohlenfeuer. Zum längeren Aufbewahren lege man die Kuchen in eine Blechtrommel oder in einen Korb und stelle ihn zugebunden an einen warmen Ort, feuchte Luft macht sie sofort weich.

Henriette Davidis, Illustriertes praktisches Kochbuch für die bürgerliche und feine Küche, neu bearbeitet von Helene Faber, 1912

Hinweis: Entgegen dem Rezeptvorschlag empfiehlt es sich nicht, den Teig über Nacht stehen zu lassen. Er wird dann sehr zäh und fest. Sollte der Hippenteig auch direkt nach der Zubereitung zum Ausbacken zu fest sein, kann man ihn unter der Zugabe von etwas Milch geschmeidiger machen. Die Hippen werden in einem speziellen Waffeleisen gebacken, sofort – eventuell über den Stiel eines hölzernen Kochlöffels – aufgerollt und schnell in ein schlankes Gefäß von ca. 4 cm Durchmesser gestellt, bis sie leicht abgekühlt sind.

Vielerorts war es Brauch, mit seinen Backwaren Freunde, Nachbarn und Verwandte zu besuchen, um ihnen ein gutes neues Jahr zu wünschen. Kinder gingen zu den Großeltern und Paten und bekamen ein oft für Neujahr hergestelltes, je nach Region spezifisches Gebildbrot – dazu, sofern es die finanziellen Verhältnisse zuließen, ein Geldstück.
Ein besonderes Neujahrsgebäck stellen die Hippen dar, ein dünnes Waffelgebäck, das zuerst im 16. Jahrhundert beschrieben worden ist und in Klöstern hergestellt wurde. Vielleicht geht daher die Bezeichnung »Hippen« auf das griechische Wort für »Oblaten« (*hopyes*) zurück.

Im Bürgertum hat sich im Laufe der Zeit für den Neujahrstag auch die Gestaltung eines Festessens durchgesetzt. Theodor Fontane erzählt in seinem Roman »Vor dem Sturm« (1878) von solch einem Neujahrsdiner:

An demselben Abend war Gesellschaft bei Frau Hulen. Sie konnte damit, wenn sie standesgemäß auftreten und die ganze Flucht ihrer Zimmer öffnen wollte, nicht länger zögern, da Lewin für den nächsten Tag schon seine Rückkehr von Hohen-Vietz angezeigt hatte ... Um sieben Uhr brannten die Lichter in der ganzen Hulenschen Wohnung, die neben einer kleinen, schon im Seitenflügel befindlichen Küche, aus zwei Frontzimmern und zwei dunklen Alkoven bestand. Die Hälfte davon war an Lewin vermietet, der indessen in seiner Abwesenheit und bei den freundschaftlichen Beziehungen, die zwischen ihm und seiner Wirthin obwalteten, nicht das geringste dagegen hatte, seinen Wohnungsanteil in die Festräume hineingezogen zu sehen.
Und Festräume waren es heute, ganz abgesehen von den Lichtern und Lichterchen, die bis in den Flur hinaus nicht gespart waren. Die beiden Öfen waren geheizt und auf den Simsen schwelten Räucherkerzen, schwarze und rote, während alle Kunst- und Erinnerungsgegenstände, auf die Frau Hulen die besondere Aufmerksamkeit ihrer Gäste hinzulenken wünschte, noch eine besondere, ihnen angemessene Beleuchtung erfahren hatten ...
Alle Speisen standen schon in der Mitte, als erster Gang eine grofse Schüssel mit Mohnpilen, daneben links ein Heringssalat und rechts eine Sülze. Alles reich gewürzt; auf dem Mohn eine dichte Lage von gestofsenem Zimt, auf dem Salat kleine Zwiebeln, die mit Pfeffergurken und sauren Kirschen abwechselten. Ein echtes Berliner Essen ...
Bald darauf wurde aufgestanden, und nachdem sich ... alles die Hände gedrückt und eine gesegnete Mahlzeit gewünscht hatte, begab man sich paarweise in Lewins Zimmer, wo nun Punsch und Krausgebackenes herumgereicht wurde.
Theodor Fontane

Die genannten Mohnpilen stammen ursprünglich unter der Bezeichnung »Mohn-Kließla« aus der traditionellen schlesischen Küche. In dem von Marie Schreiber herausgegebenen »Berliner Kochbuch für bürgerliche Haushaltungen von 1839« finden sich außerdem aus Fontanes Zeit unter anderem Rezepte zur Zubereitung von Heringssalat und Sülze.

Mohn-Kließla (Mohnpilen)

Zutaten:
3 Brötchen vom Vortag
250 g Zucker
1 l Milch
250 g gemahlener Mohn
60 g Rosinen
60 g Mandelstifte

Die Brötchen in Scheiben schneiden und in eine Schüssel legen. Mit 50 g Zucker bestreuen und 500 ml Milch darüber gießen. 20 Minuten einweichen lassen. Die restliche Milch mit dem restlichen Zucker aufkochen, Mohn und gewaschene Rosinen zugeben und die Masse 10 Minuten köcheln lassen. Währenddessen ständig rühren, damit nichts am Topfboden ansetzt. Anschließend die eingeweichten Brötchen und die Mohnmasse abwechselnd in eine Schüssel schichten. Die letzte Schicht sollte aus Mohnmasse bestehen. Die Mandelstifte darüber streuen und servieren. Dazu trinkt man Glühwein.
Schlesisches Rezept

Sülze von Rindfleisch

Der Masse des Rindfleisches gleich kommend, wird auch Schweinefleisch genommen, und mit einer Kälberpfote auf jedes Pfund, etwas Ingwer, Pfeffer, Nelken, Lorbeerblättern, eingebundenem Hirschhorn und Salz nach dem Abschäumen so weich gekocht, daß sich die Knochen sehr leicht herausnehmen lassen. Dann wird das Fleisch zerschnitten und mit der durchgesiebten Brühe und Citronenscheiben wieder in einer Kasserolle noch etwas durchgekocht, und dann in eine Form geschlagen, welche in Wasser kalt erhalten wurde.
Marie Schreiber, Berliner Kochbuch für bürgerliche Haushaltungen, 1839

Heringssalat

Früher schrieb man vereinzelt Hering mit »ä«. Diese Schreibweise geht möglicherweise auf das mittelhochdeutsche Wort *hærinc*, bzw. auf den althochdeutschen Begriff *harinc* zurück.

Die zum Häringssalat bestimmten Häringe müssen recht gut ausgewässert werden, dann befreit man das Fleisch von den Gräten und schneidet es in feine Würfel. Dazu würfelt man auch recht weichen Kalbsbraten und gute geschälte saftreiche Äpfel, und thut Capern, fein geschnittene Bollen [Zwiebeln] und geschärbte Petersilie dazu. Nun überstreuet man Alles mit gestoßenem Pfeffer und mengt es mit Weinessig und Provenceröl [Olivenöl] recht gut unter einander. Es kann auch die Petersilie wegbleiben und dafür gewaschene kleine Rosinen genommen werden.
Marie Schreiber, Berliner Kochbuch für bürgerliche Haushaltungen, 1839

Epiphanias
Heilige Drei Könige
(6. Januar)

In einer der dunkelsten Nächte
strahlt am Himmel ein Stern auf,
der neue Wege erahnen lässt.
Menschen, müde geworden und starr
in ihrer alltäglichen Mühsal,
werden bewegt aufzubrechen
und der Hoffnung nachzuspüren,
die in ihrer Mitte geboren wird.
Beschwingt und beflügelt wagen sie,
sich auf Neues einzulassen.
Es ist, als habe ein Engel
sie sanft berührt.

Christa Spilling-Nöker

Die Sternsinger

Die »Aktion Dreikönigssingen« (www.sternsinger.de) ist die weltweit größte Hilfsaktion von Kindern für Kinder.
Damit verbunden ist ein Haussegen: An die Tür oder an den Türbalken wird das Kürzel C + M + B (für *Christus mansionem benedicat,* »Christus segne dieses Haus«, volkstümlich oft als *Caspar, Melchior, Balthasar* verstanden) und dahinter die Jahreszahl geschrieben. Zahlreiche Lieder und Gedichte handeln von den Heiligen Drei Königen.
Das Matthäusevangelium erzählt von »Magiern«, weisen Männern aus dem Orient, die einem Stern folgend, nach Bethlehem zogen, um Jesus, dem neugeborenen König der Juden, zu huldigen. Im Rückblick auf alte biblische Weissagungen hat man später die Magier als »Könige« verstanden und ihnen Namen gegeben: Caspar, Melchior und Balthasar.

Erscheinung des Herrn: Während im Westen des Römischen Reiches ein Geburtsfest Jesu zur Wintersonnenwende im Dezember üblich wurde, feierte man es im östlichen Teil des Reiches am 6. Januar. Nachdem sich auch dort das römische Weihnachtsfest durchsetzte, wurde der 6. Januar zum Fest der »Erscheinung (Epiphanie) des Herrn«.
Am 25. Dezember feierte man nun die leibliche Seite, die Geburt Jesu im Stall, und am 6. Januar die geistige Seite: die Erscheinung Gottes in Jesus Christus in der Geburt, der Taufe und dem ersten Wunder des Erlösers (Hochzeit zu Kana). Vielleicht hat das junge Christentum im Osten hier ursprüngliche Feste des hellenistischen Ägypten übernommen und umgedeutet: In der Nacht vom 5. auf den 6. Januar feierte man in Alexandrien die Geburt des Lichtgottes Aion durch die Jungfrau Isis, die an die jungfräuliche Geburt Jesu erinnert. Am Ende der Überschwemmungszeit des Nils wurden die fruchtbringenden Kräfte des Gottes Osiris gefeiert, wozu das Schöpfen des Wassers als auch die Wandlung des Wassers in Wein gehört haben soll. Damit findet sich neben dem Motiv der jungfräulichen Geburt sowohl eine Parallele zu der Taufe Jesu im Jordan als auch zum Weinwunder zu Kana.
Während in der Weihnachtsgeschichte des Lukasevangeliums die Hirten vom Feld die erste »Feiergemeinde« sind, so in der des Matthäusevangeliums die »Magier«, die dem Stern folgten, die »Heiligen Drei Könige«.

Seit wann Reliquien der »Heiligen Drei Könige« verehrt werden, ist ungewiss. Ein Sarkophag aus dem dritten Jahrhundert in einer Mailänder Kirche war ihre Verehrungsstätte, bis sie im Jahr 1164 durch Erzbischof Rainald von Dassel von Mailand nach Köln überführt und in einem Schrein verwahrt wurden.
Im Anschluss nahm die Verehrung der drei Könige in erheblichem Maße zu, sodass Köln im Mittelalter zu einem Pilgerzentrum wurde. Die drei Kronen im Kölner Stadtwappen erinnern noch heute daran.
Den Königen ließen sich sowohl die drei biblischen Völkergruppen Semiten, Chamiten und Japhetiten (die Nachfahren der Söhne Noahs) als auch die drei Lebensalter zuordnen; sie galten darüber hinaus als Vertreter der damals bekannten drei Erdteile: Caspar repräsentiert als Schwarzer Afrika, Melchior den europäischen und Balthasar den asiatischen Kontinent.
Seit dem 15. Jahrhundert erlebte das Dreikönigsfest eine Hochblüte. Im ausgestaltenden Brauchtum entwickelten sich eine Reihe von Dreikönigsspielen. Seit dem 16. Jahrhundert entstanden die Heischebräuche und Dreikönigsumzüge. So zogen vor allem in Süddeutschland und Österreich Kinder, als die drei Könige Caspar, Melchior und Balthasar verkleidet, am Abend vor Epiphanias von Haus zu Haus, sangen ein »Sternsingerlied« und sammelten Geld, Obst oder Schokolade.

Wir Heiligen Drei König',
wir kommen von fern,
wir suchen den Heiland,
den göttlichen Herrn.
Da stehet vor uns
ein hell leuchtender Stern,
er winkt uns gar freundlich,
wir folgen ihm gern.
Er führt uns vorüber
vorm Herodes sei'm Haus,
da schauet der falsch' König
beim Fenster heraus.
Er winkt uns so freundlich:
»O kommt doch herein,
ich will euch aufwarten
mit Kuchen und Wein.«
»Wir können nicht weilen,
wir müssen gleich fort,
wir müssen uns eilen
nach Bethlehem Ort.
Es ward uns durch Gottheit
die Kunde zuteil,
dafs ein Kind geboren,
das der Welt bringt das Heil.«
Wir kommen im Stall an,
finden das Kind,
viel schöner und holder,
als Engel es sind.
Wir knien uns nieder
und beten es an,
o Herr, nimm die Gabe
aus Dankbarkeit an:
Gold, Weihrauch und Myrrhen,
das reichen wir dir,
führ du uns dann einstens
in'n Himmel von hier!
Volksgut

Der Dreikönigs-kuchen

In vielen Gegenden hat sich die Tradition gehalten, am Dreikönigstag einen »Bohnenkuchen« zu essen. Dabei handelt es sich um ein süßes Reis- oder Hefegebäck, bei dem sechs Teigteile um ein mittleres Stück angeordnet sind, sodass das Gebäck einer Krone ähnelt. In diesen Kuchen wird eine Bohne oder ersatzweise eine ungeschälte Mandel, eine Münze oder eine kleine Figur aus Porzellan eingebacken. In manchen Regionen werden auch eine weiße und eine schwarze Bohne oder eine Bohne und eine Erbse genommen. Wer in seinem Kuchenstück die schwarze Bohne findet, wird für diesen Tag König, die weiße Bohne dient der Ernennung der Königin. König und Königin dürfen dann aus den anderen Teilnehmern einen Hofstaat bestimmen und den ganzen Nachmittag oder Abend ihre Rollen spielen.

An der Heiligen drei Könige Tag bäckt ein jeder Vater einen guten Leckkuchen, danach er vermag und ein Hausgesinde hat, grofs und klein, und knetet einen Pfennig hinein. Danach schneidet er den Leckkuchen in viele Stücke und gibt jedem aus seinem Hausgesinde eins. Christus, Maria und die heiligen drei Könige haben auch ihre Stücke da. Wem nun das Stück wird, darin der Pfennig ist, der wird von allen als ein König erkannt und dreimal mit Jubel in die Höhe gehoben. Er nimmt allemal eine Kreide in die Hand und macht ein Kreuz an die Dielen und Balken im Haus und in den Stuben, welche Kreuze gegen viel Unglück und Gespenster helfen sollen. Es ist kein Haus, in dem man nicht in den zwölf Nächten zwischen Weihnacht und dem heiligen Dreikönigstag Weihrauch macht gegen alle Teufelsgespenster und Zauberei.
Sebastian Franck (1499–1542)

Christas Dreikönigskuchen

Zutaten:
550 g Mehl
300 ml Milch
42 g Hefe
1 Ei
1 Eigelb
80 g Zucker
1 Prise Salz
das Abgeriebene von 1 unbehandelten Zitrone
Mark von 1 Vanilleschote
100 g weiche Butter
200 g gewaschene Rosinen
100 g gehackte Mandeln

Zusätzlich:
3 EL Milch
1 EL Mandelsplitter
1 EL Hagelzucker
1 große weiße und 1 große schwarze Trockenbohne

Das Mehl in eine Schüssel sieben, in die Mitte eine Mulde drücken. Die Hefe in einen Becher bröseln, die Milch erwärmen, die Hefe darin auflösen und in die Mulde geben. Mit etwas Mehl verrühren. Mit einem Tuch bedeckt ca. 20 Minuten an einem warmen Ort gehen lassen. Die aufgegangene Hefe vorsichtig mit dem Mehl vermengen. Ei, Eigelb, Zucker, Salz, Zitronenschale und Vanillemark miteinander verrühren und zu der Mehl-Hefe-Mischung geben. Die Butter in Flöckchen darüber verteilen und alles mit den Knethaken der Küchenmaschine 10 Minuten lang durchkneten, bis sich der Teig vom Schüsselrand löst. Dann die Rosinen, Mandeln und das Orangeat unterkneten. Den Teig mit einem Tuch bedecken und bei Zimmertemperatur 1 Stunde gehen lassen.

Den Teig mit bemehlten Händen gut durchkneten. Sollte er zu weich sein, noch etwas Mehl unterkneten. Den Teig bedeckt noch einmal 1 Stunde bei Zimmertemperatur gehen lassen, anschließend wieder mit den Händen durchkneten. Den Teig in sieben Teile teilen, wovon der eine Teil ein etwas größeres Volumen haben soll als die anderen sechs. Aus den Teigstücken Kugeln formen. Die beiden Bohnen dabei in zwei Teigstücke drücken. Den Ofen auf 170 Grad C vorheizen. Backpapier auf ein Backblech des Backofens legen, die größere Kugel in die Mitte des Blechs geben und die anderen Kugeln ringsum andrücken. Den Kuchen vorsichtig mit Milch bepinseln, mit Mandelsplittern und Hagelzucker bestreuen. Den Kuchen noch einmal 15 Minuten gehen lassen und dann ca. 45 Minuten backen.

Valentinstag
(14. Februar)

Willkommen Lenz, der dieses Winters Kälte
durch deine milde Sonne machst zerrinnen!
Sankt Valentin, du bist der Hochgestellte,
der lange schwarze Nächte treibt von hinnen.
Drum singen wir. Du machst uns Mut gewinnen:
Zu jedem ein Gefährte sich gesellte.
Das macht uns froh, und unser Lied beginnen
wir beim Erwachen mit beglückten Sinnen.

Aus einem Valentins-Gedicht
des 14. Jahrhunderts von Geoffrey Chaucer

»Welch Glück, geliebt zu werden! Und lieben, Götter, welch ein Glück!« (Goethe). Am Valentinstag, der in vielen Ländern am 14. Februar gefeiert wird, zeigen Liebespaare einander in besonderer Weise, dass sie sich liebhaben. Deshalb liegen ab Anfang Februar in den Auslagen vieler Geschäfte Herzen. Bereits seit dem Mittelalter hatte sich, vor allem in England und Frankreich, der Brauch verbreitet, seiner Liebsten am Valentinstag Blumen zu schenken. Später verschickte man auch Karten, die mit Herzen und Spitze verziert waren und auf die man ein Liebesgedicht schrieb.
Und da Liebe, der Redewendung nach, durch den Magen geht, kann man seinen Schatz zudem mit einem ganz besonderen, selbst gekochten Essen verwöhnen. Vielleicht hat man da auch so seine Hintergedanken, wie sie in einem Gedicht von Wilhelm Busch zum Ausdruck kommen, mit dem er 1883 ein Kochbuch als Hochzeitsgeschenk gewidmet hat:

Gar lieblich dringen aus der Küche
bis an das Herz die Wohlgerüche.
Hier kann die Zunge fein und scharf
sich nützlich machen, und sie darf!
Hier durch Gebrätel und Gebrittel
bereitet man die Zaubermittel
in Töpfen, Pfannen oder Kesseln,
um ewig den Gemahl zu fesseln;
von hier aus herrscht mit schlauem Sinn
die Haus- und Herzenskönigin.

Auf wen aber geht dieses Brauchtum am 14. Februar, dem Festtag des heiligen Valentin, zurück? In den kirchlichen Verzeichnissen der Märtyrer finden sich mehrere Heilige mit dem Namen Valentinus, so einmal ein Bischof von Termi wie auch ein Priester aus Rom. Es ist durchaus möglich, dass in dem »heiligen Valentinus«, der am 14. Februar gefeiert wird, unterschiedliche Märtyrerlegenden zu der von einer einzigen Person verschmolzen sind.
So erzählt nun eben *eine* Legende, dass der heilige Valentin ein armer, aufrechter Priester gewesen sei. Er soll Verliebten Blumen aus seinem Garten geschenkt sowie Liebespaare heimlich nach christlichem Ritus getraut haben, wenngleich der Kaiser das verboten hatte. Aufgrund seiner Güte soll Valentin bei sehr vielen Menschen außerordentlich beliebt und geachtet gewesen sein. Deshalb wollte ihn auch Kaiser Claudius gern kennenlernen. Als Valentin an seinen Hof kam, sagte der Kaiser zu ihm: »Ich habe so viel Gutes über dich gehört, ich möchte gern dein Freund sein. Nur wünsche ich, dass du dich von dem Aberglauben der Christen abwendest und wieder die römischen Götter anbetest.« Valentin erwiderte: »Es gibt nur einen Gott, und Jesus Christus ist sein Sohn.« Dieses klare Bekenntnis beeindruckte den Kaiser tief, und er wollte mehr über den christlichen Glauben erfahren. Doch seine Ratgeber warnten ihn; Valentin sei ein Zauberer und habe nur im Sinn, Macht über ihn zu gewinnen; er müsse ihn vor Gericht stellen.
Der Kaiser fürchtete einen Volksaufstand und übergab Valentin dem Gericht. Der Richter sagte zu Valentin: »Du sprichst davon, dass Jesus Christus das Licht der Welt ist. Wenn dem so ist, dann möchte ich ein Zeichen sehen. Meine Tochter ist schon lange blind. Wenn er ihr das Augenlicht zurückgibt, will ich an ihn glauben.« Valentin betete zu Jesus Christus – und siehe da: Das Mädchen wurde geheilt. Der Richter und seine Familie waren tief erstaunt über das Wunder, fielen Valentin zu Füßen und ließen sich taufen.
Als der Kaiser davon erfuhr, ließ er sie alle ins Gefängnis werfen. Valentin aber wurde zum Tode verurteilt und enthauptet. Sein Todestag ist der 14. Februar 269 – und heute der Tag der Verliebten.

Die Karnevalszeit

Und beut der Winter auch manche Leiden,
So will er doch nicht traurig scheiden:
Er bringt uns erst noch die Fastnachtszeit
Mit aller ihrer Lustigkeit.

Da gibt es Kurzweil mancherlei,
Musik und Tanz und Mummerei,
Pfannkuchen, Brezel, Kuchen und Weck',
Und Eier und Würste, Schinken und Speck.

August Heinrich Hoffmann
von Fallersleben

Der Karneval ist ein Fest, das dem Volke eigentlich nicht gegeben wird, sondern das sich das Volk selbst gibt«, meinte Johann Wolfgang von Goethe. Ähnlich äußerte sich Papst Benedikt XVI: »Fasching ist«, so seine Worte, kein kirchliches Fest, »aber doch nicht ohne den Festkalender der Kirche zu denken«. Die Faschingszeit wird bei einigen Theologen mit der augustinischen Zwei-Reiche-Lehre, einer Aufteilung der Welt in die »Gesellschaft Gottes« und die »irdische Gesellschaft«, in Verbindung gebracht. In der einen herrscht die Liebe zu Gott und sind die Menschen zu wahrer Gemeinschaft in Geben und Nehmen verbunden. In der andern regieren die Liebe zu sich selbst und das Eigeninteresse, was zu Streit und Krieg, zu Laster und Ausschweifung führt.

Von daher wurden die »tollen Tage« vor der Fastenzeit mit ihren übermäßigen Gelagen seitens der Kirche nicht nur gebilligt, sondern dienten zugleich der Inszenierung der verkehrten Welt mit all ihren Lastern, Sünden und Versuchungen des Fleisches, bevor die Fastenzeit als Sinnbild wahren christlichen Lebens unter der göttlichen Herrschaft folgen würde.

Christliches Fastnachtsbrauchtum ist in Mitteleuropa seit dem 12./13. Jahrhundert belegt. Seine Wurzeln liegen zum einen darin, verderbliche Lebensmittel vor den Fastenwochen aufzubrauchen – zum anderen schwelgte man noch einmal exzessiv in Speisen mit viel Fleisch, Butter, Schmalz, Eiern und Käse, die ja in der Passionszeit verboten waren.

Von daher ergab sich das Problem, wie man rein praktisch mit den Tierprodukten umgehen konnte. Milch ließ sich zu Käse verarbeiten und dadurch konservieren. Was aber sollte mit den Eiern geschehen, die als »flüssiges Fleisch« verstanden wurden? Eier konnte man nicht für einen Zeitraum von sechseinhalb Wochen haltbar machen. So wurden einige Eier kunstvoll bemalt und als Schenkeier weitergegeben. Mit einer weiteren Menge haben die Bauern, wie auch mit Käse und Hühnern, den sogenannten »Fastnachtshühnern«, einen Teil der Pacht an ihren jeweiligen Lehnsherrn bezahlt. Um auch die Zahl der Eier für die Fastenzeit zu reduzieren, wurde eine große Zahl der Legehennen geschlachtet und fröhlich verspeist. Ein Teil des Geflügels wurde aber auch konserviert.

Die Ursachen dafür, dass der Mensch von Zeit zu Zeit zu Völlerei und Zechgelagen neigt, beschreibt der Augustiner-Barfüßer und kaiserliche Hofprediger Abraham a Sancta Clara (1644–1709) in einer Predigt mit folgenden Worten:
Vor dem Sünd-Flufs [Sintflut] haben die Menschen vor ihr tägliche Nahrung nichts anderes genossen / dann Kräuter und Früchten / nachmals aber / weil der Erd-Boden durch den Sündflufs ein merckliches geschwächt worden / und die menschliche Natur in gröfsere Unkräften gerathen / hat GOTT das Fleisch-Essen erlaubt; es ist aber der Teuffel bald in die Kuchel [Küche] kommen / und bey dem Anrichten sich eingefunden / wovon dann der übermässige Frafs entstanden / aus welchem alles Ubel in der Welt herrühret.

Ein Text aus dem 16. Jahrhundert erläutert, wie man gebackenes Geflügel die Fastenzeit über bis nach Ostern halten soll: ***Willst du wissen, wie man allerlei Geflügel über die Fasten bis nach Ostern lang halten kann, es können Rebhühner, Haselhühner, Birkhähne, grofse und kleine Vögel sein, so brate sie ab und salze sie gleich am Spiefse oder in der Pfanne. Alsdann nimm Semmel und Pfefferkuchen und giefs einen Wein oder süfse Langweil [Bier] in einen Topf und lege dazu den geriebenen Pfefferkuchen. Lafs das gut sieden und wenn es gesotten ist, so treibe es durch ein Sieb und gib es wieder in einen reinen Topf. Setze es zum Feuer und tue Zucker und Honig darein, mache ihm einen säuerlichen Geschmack, würze es wohl ab mit Pfeffer***

und Safran und salze es und schmecke es ab, und wenn es mit der Würze gesotten ist, so setze es vom Feuer und laſs es kalt werden. Nimm dann ein warmes Tischbier und wasche damit das Geflügel. Dann nimm ein Fäſslein und lege die Vögel hinein. Dann laſs es fest zumachen und bohr in den Boden ein Loch, nimm ein Trichterlein und fülle den kalten Sud hinein, bis es voll ist und schlage dann einen Zapfen darauf, und wenn es sich gesetzt hat, so ziehe in zwei Tagen den Zapfen wieder heraus und fülle es wieder voll und stopfe es fest zu. Wenn es so acht Tage gestanden hat, so zapfe den Sud rein heraus, tue es in einen Topf und setze es zum Feuer, erfrische es mit einem Wein und schäume es rein ab, laſs es wieder schön kalt werden und fülle es in das Fäſslein, stopfe das fest zu und stelle es in ein kühles Gemach und drehe es oft um. Wenn du Geflügel brauchst, so nimm aus dem Fäſslein soviel, wie du dessen bedarfst und erfrische es wieder, wie oben steht, mit Wein und allerhand Würze, tue darein kleine und groſse Rosinen und gibs den Brüdern, kalt oder warm, wie es ihnen beliebt.

Fränkisches Fastnachtshuhn

Am Abend oder am Morgen vorher: ein frisches Huhn in 4 Teile zerlegen. Eine Marinade mit folgenden Zutaten zusammenrühren: ½ l Apfelwein mit 2 Esslöffel braunem Zucker, Olivenöl und Gewürzen, nämlich Paprika, Chili, Muskat, Knoblauch, Bockshorn, Majoran, Salz und Pfeffer und eventuell etwas Tomatenmark. Das Huhn dann in die Marinade einlegen und 12–24 Stunden ziehen lassen.
Zirka eine Stunde vor dem Essen: Das zerteilte Huhn in eine feuerfeste Schale oder Blech legen, die Marinade zugeben und im vorgeheizten Backofen bei 180 Grad zirka 30 Minuten backen. Währenddessen in einem Topf Wasser zum Kochen bringen und die Gerstenkörner (Graupen)und kleingeschnittene Mohrrüben darin nach Angabe kochen. Wenn sie fertig sind, das Wasser abgießen. Nach den 30 Minuten Backen die Soße von den Hähnchenteilen in eine Pfanne abgießen, das Huhn dann etwa 10 Minuten weiterbraten, bis es schön knusprig ist. In der Pfanne mit der Soße eine kleingeschnittene Zwiebel anbraten, die Gerstenkörner und Möhren hinzugeben und mit Salz und Pfeffer abschmecken. Kleingeschnittene Lauchzwiebeln dazu geben. Alles gut verrühren und langsam erwärmen. Das Fastnachtshuhn aus dem Ofen nehmen, zusammen mit dem Graupengemüse anrichten und mit einem Glas vollmundigen Rotweins genießen.
Gasthof Goldenes Lamm in Aub nach einem mittelalterlichen Rezept (1542)

Junge Hähnchen, sanft gebraten
Dazu kann man dringend raten,
Und man darf getrost inzwischen
Etwas Rheinwein untermischen.
Wilhelm Busch

Na, dann man Prost …

Karneval, Fastnacht, Fasnet, Fasching

Das Faschingstreiben machte – allerdings in harmloser Form – auch vor den Klostertüren nicht Halt. Eine junge Nonne aus dem Benediktinerinnenkloster St. Mauritius in Köln schrieb über den Donnerstag vor Fastnacht 1729: »Wir haben die Fastnacht in aller Lust passiert, und seindt alle Geistliche verkleidet gewesen und uns recht lustig gemacht. In den Tag hinein haben wir getanzt und gesprungen. Des Nachts, als die Äbtissin schlafen ist gewesen, dann haben wir Thee, Kaffe und Chokolade getrunken und mit der Kart gespielt und auf der Dame.«
Martin Luther hatte die Fastenzeit für den Protestantismus offiziell abgeschafft, weil er jede äußere Form, sich durch Werke, also durch besonders hervorgehobene Taten wie

zum Beispiel das Fasten, die Gnade Gottes zu erwirken, abgelehnt hat. Dadurch entfiel für die evangelischen Gebiete und nach und nach in weiten Gegenden Mitteleuropas auch das Brauchtum des Karnevals. Selbst im 20. Jh. wetterten noch einige evangelische Kirchenherren gegen das teuflische Fest, das Familienverhältnisse zerrütten würde und Not und Elend zur Folge hätte. Noch im Jahr 1979 wurde sogar in einem evangelischen Kindergarten im Kreis Reutlingen eine Fastnachtsfeier untersagt.
Die Faschingszeit ist also seit der Reformation eine besondere Festzeit des Katholizismus, auch wenn heutzutage in einigen evangelischen Gegenden Karnevalsveranstaltungen ohne historisches Brauchtum stattfinden.
Heutzutage gilt der Karneval, je nach Region auch als Fasching, Fasnet oder Fastnacht bekannt, in deren Hochburgen als fünfte Jahreszeit. Seit dem 19. Jahrhundert beginnt die Karnevalszeit in einigen deutschen Städten und im ganzen Rheinland offiziell am 11.11. um 11.11 Uhr (*siehe Martinstag ↗ S. 183*) und dauert bis zum Aschermittwoch. Weitgehend wird der 11.11. als »Narrenwecken« verstanden, als eine Aufforderung, sich nun mit den Vorbereitungen auf die Karnevalszeit zu befassen. An den Totengedenktagen im November sowie in den besinnlichen Adventswochen und der Weihnachtszeit konnte natürlich kein närrisches Treiben stattfinden. Von daher beginnen die öffentlichen Karnevalssitzungen auch hier, wie seit eh und je bei der schwäbisch-alemannischen Fastnacht, am 6. Januar.

Die Hauptzeit des närrischen Treibens erstreckt sich auf die sechs Tage vor dem Aschermittwoch – die regional unterschiedlich bezeichnet werden. An erster Stelle steht der »schmutzige«, »unsinnige«, »gumpige« Donnerstag, der auch »Weiberfastnacht« genannt wird. An diesem Tag, so hatte es sich seit dem Mittelalter eingebürgert, wird die gesellschaftliche Ordnung auf den Kopf gestellt. Denn in einer Zeit, in der Frauen den Männern in so ziemlich allen Bereichen untergeordnet waren, galt es als »verkehrte Welt«, wenn ihnen wenigstens für einen Tag die Macht überlassen wurde. Von daher hat sich der Brauch entwickelt, dass Frauen die früher ausschließlich von Männern geleiteten Rathäuser stürmen, um dort für einen Tag symbolisch die Herrschaft zu übernehmen.
Ein weiterer spöttischer Höhepunkt dieses Tages besteht seit dem 20. Jahrhundert darin, dass Frauen den Männern die Krawatten, das Symbol ihrer patriarchalen Macht, abschneiden. Dass sie dann, vielleicht in närrischen Frauenvereinigungen oder Damenkomitees, miteinander feiern und dabei auch das ein oder andere Gläschen leeren, versteht sich von selbst.
Der »rußige«, »bromige« oder auch »beramige« Freitag« hat seinen Namen von der Narretei, mit der sich früher die Erwachsenen gegenseitig die Gesichter mit Ruß beschmiert haben; ein Spaß, der sich, in einigen Gegenden unter Kindern bis heute gehalten hat. Am »schmalzigen« Samstag sowie am »Fastnachtssonntag« oder »Küchlesonntag« hat man, wie schon am schmutzigen Donnerstag, weiterhin viel Fleisch und vor allem Schmalzgebackenes genossen.
Der Montag darauf ist der »Rosenmontag«. Als in Köln nach der Ära Napoleons der Karneval neu belebt wurde, fand die jährliche Hauptversammlung des »Festordnenden Komitees« am Montag nach dem vierten Fastensonntag statt, nach den Eingangsworten der Liturgie (*Laetare* – »freue dich«) »Freudensonntag« genannt oder auch »Rosensonntag«, weil an diesem Tag seit dem 11. Jahrhundert immer wieder eine »Goldene Rose« (Tugendrose) von dem jeweiligen Papst gesegnet und einer ganz besonderen Person oder Institution für ihre Verdienste um die Kirche verliehen wurde (heute nur noch an Wallfahrtsorte vergeben). Wegen dieses jährlichen Termins am Montag nach dem Rosensonntag wurde das Kölner Karnevalskomitee auch »Rosenmontagsgesellschaft« genannt – vielleicht übertrug sich

von daher der Name auf den Karnevalsmontag. Einer anderen Erklärung nach hat der Rosenmontag gar nichts mit Blumen zu tun. »Rosen«, so heißt es, komme von »rasen«, wild herumlaufen, herumtollen, also übermütig und ausgelassen sein.
Den Abschluss der närrischen Hochtage bildet der »Fastnachtdienstag«, der auch »Narrenfastnacht«, »Herrenfastnacht«, »Laienfastnacht« oder »Veilchendienstag« heißt. Im Rheinland wird seit Beginn des 19. Jahrhundert am Abend des Fastnachtdienstags eine Strohpuppe, der sogenannte »Nubbel« verbrannt – damit werden alle an den »tollen Tagen« begangenen Schandtaten symbolisch zu Grabe getragen.

Karneval, Fastnacht, Fasching: Der seit dem 18. Jahrhundert bezeugte Begriff Karneval leitet sich vermutlich von dem italienischen Begriff *carnevale* (lateinisch: *carnem levare*, »Fleischwegnahme«, bezogen auf die folgende Fastenzeit) her; möglicherweise geht er volksetymologisch auch auf den lateinischen Ausruf *carne vale* (»Fleisch, lebe wohl!«) zurück. Eine andere Worterklärung beruht auf dem *carrus navalis*, dem Schiffskarren, der bei festlichen Umzügen zum Frühlingsanfang mitgeführt wurde.
Das Wort Fastnacht geht zurück auf den seit dem 12. Jahrhundert gängigen Ausdruck *vastnaht* (von »vast« für »fasten« und »naht« im Sinn von Vorabend), meint also den Abend vor Aschermittwoch. Die oberdeutsche und mittelrheinische Fas[e]nacht hat ihren Ursprung in dem später bezeugten mittelhochdeutschen Begriff *vas[e]naht*. Ob man dabei an ein Fass gedacht hat oder ob fasa etwas mit faseln, also dummes Zeug reden, zu tun hat, ist ungewiss. Einige Forscher stellen einen Bezug zu der indogermanischen Verbalwurzel *pwos* her, die so viel wie »reinigen, läutern, fasten« bedeutet. Wieder andere sehen eine Verbindung zu den mittelhochdeutschen Wörtern *vasen* (sich fortpflanzen) oder *vaselen* (gedeihen, fruchten). Ihrer Meinung nach gehen die heutigen Fastnachtfeiern auf alte ländliche Frühlingsfeste und Fruchtbarkeitskulte zurück.
Der Begriff Fasching leitet sich etymologisch von *vastschanc*, in verkürzter Form *vaschang*, also vom Fastenschank her, dem letzten Ausschank alkoholischer Getränke vor dem mitternächtlichen Anbruch des Aschermittwochs.

Der rheinländische Karneval

Die Wurzeln des Kölner Karnevals reichen zurück bis in die Zeit der römischen Kolonisation der Rheinprovinzen, als die Bevölkerung die kultischen Feste der Römer mitfeierte. Die scharfe Kritik der Kirche vom 6. bis zum 10. Jahrhundert an dem heidnischen Mummenschanz hatte zur Folge, dass dieser nach und nach christlich umgedeutet wurde: als ausgelassene Zeit des Feierns, Essens und Trinkens vor Beginn der Fastenzeit.
Im Zuge der Aufklärung galt das derbe närrische Treiben als primitiv und antiquiert und wurde – auch infolge offizieller Verbote durch die französische Besatzungsmacht – vielerorts aufgegeben. Seit dem 14. Januar 1814, dem Tag, an dem die letzten französischen Soldaten Köln verließen, rückten widerstandslos preußische und russische Truppen in die Stadt. Seit dieser Zeit erwachte auch das Karnevalsvergnügen zu neuem Leben. Die oft zitierten »preußischen Tugenden« wirkten sich insofern aus, als der Karneval sich nun weniger auf den Straßen austobte, als weitgehend in geschlossenen Räumen stattfand. Kostüme, die Anstoß erregen könnten, sowie Waffen waren verboten; für Masken mussten Maskenkarten gekauft werden. Diese neue Ästhetik des Kölner Karnevals wurde auch durch die Poesie der Romantik und den Einfluss des venezianischen Karnevals beeinflusst.
Es etablierten sich jetzt auch Masken- und Kostümbälle, die sogenannten »Redouten«, die zunächst jedoch dem Adel sowie dem wohlhabenden Bürgertum vorbehalten waren. Daraus ergab sich, dass nun nicht mehr

die Zünfte, sondern das Bildungsbürgertum den Karneval organisierte. So wurde im Jahr 1823 in Köln das »Festordnende Komitee« gegründet; danach entstand in kurzer Zeit eine Karnevalsgesellschaft nach der anderen. Die Dichterin *Annette von Droste Hülshoff* (1797-1848), die im Jahr 1826 während der tollen Tage zu Gast in Köln gewesen war, schrieb über ihre Eindrücke: »Am Karnevals-Montag wurde auf dem Kaufhause, genannt der Gürzenich, getanzt, wo mehrere tausend Menschen waren [...] Aber das Dings muß ungeheures Geld gekostet haben, unter anderem hat sich der junge Schaafhausen fünf verschiedene Anzüge machen lassen, die alle äußerst kostbar waren. Es waren auch noch viele kleine Gesellschaften [...] wo sehr witzige Sachen gesagt wurden, und doch ganz ohne Beleidigung.«

Muuzemändelche

Zutaten:
- 80 g Butter
- 70 g Zucker
- 1 Ei
- 1 Eigelb
- 4 cl Rum
- 250 g Mehl
- 100 ml lauwarme Milch
- 1 Prise Salz
- 1 Spritzer Rosenwasser (in der Apotheke erhältlich)
- Reichlich Fett zum Ausbacken in der Friteuse

Vorküche: Die Butter schmelzen und langsam mit Zucker, Ei und Eigelb schaumig rühren. Den Rum zufügen, und nach und nach das gesiebte Mehl und die lauwarme Milch unterarbeiten. Zum Schluss eine Prise Salz und den Spritzer Rosenwasser zufügen. Der Teig muss eine feste Konsistenz haben.
Zubereitung: Mit zwei Teelöffeln die Muuzen aus dem Teig abstechen. Indem man die Löffel immer wieder gegeneinander abstreift, bekommen die Muuzen ihre Tropfenform. Das Fett in der Friteuse auf etwa 180° C erhitzen. Im siedenden Fett die Muuzen goldbraun ausbacken.
Servieren: Zum Abtropfen die Muuzen auf Küchenpapier legen. Danach reichlich mit Puderzucker bestreuen und mit einer Tasse Kaffee reichen.
Alte rheinische Küche

In der neuen Gestaltung der Fastnacht blühte vereinzelt altes Brauchtum wieder auf. Während der vergangenen zweihundert Jahre entwickelte sich der rheinische Karneval zu den uns heute vertrauten Formen: mit der Wahl des Karnevalsprinzen, den Sitzungen mit Büttenrednern und Liedersängern sowie dem großen Rosenmontagsumzug durch die Stadt. Dass dabei jede Menge Kölsch fließt, versteht sich von selbst. Gegessen wird – wie immer derbe Kost. Spezifische Fastnachtsspeisen sind nicht entstanden. Typisch sind allerdings fettausgebackene Kuchen wie die *Muuzenmändelche* und *Krabbele*.
Neben dem ebenfalls legendären Rosenmontagsumzug ist für Mainz – wie auch für Düsseldorf – der politisch-literarische Sitzungskarneval charakteristisch, in dem Politik, Kirche und besondere gesellschaftliche Ereignisse des vergangenen Jahres in spöttischen Texten und Liedern »aufs Korn« genommen werden.

O wär im Februar doch auch,
Wie's ander Orten ist der Brauch
Bei uns die Narrheit zünftig!
Denn wer, so lang das Jahr sich mißt,
Nicht einmal herzlich närrisch ist,
Wie wäre der zu andrer Frist
Wohl jemals ganz vernünftig.
Theodor Storm

Die schwäbisch-alemannische Fasnet

Seit etwa dem 13. Jahrhundert wurden an den letzten vier Tagen vor Beginn der Fastenzeit zunächst nur umfangreiche Gelage abgehalten; das Brauchtum von Musik und Tanz, Turnieren und Wettkämpfen vornehmlich der Handwerksgesellen entwickelte sich erst im 14. und 15. Jahrhundert. Im Laufe der Jahre kamen Spottvorführungen und Fasnetsspiele hinzu. Waren die Teufelsmasken in dieser Zeit noch aus Ton modelliert, so verbergen die Teilnehmerinnen und Teilnehmer der schwäbisch-alemannischen Fasnet ihre Gesichter seit dem 17. Jahrhundert hinter Masken, auch Larven

oder Schemmen genannt, die in der Regel aus Holz geschnitzt und bemalt sind. Zugleich verkleiden sie ihre Körper. Diese Kostüme heißen auch *Häs*. Sie werden in jedem Jahr wieder auf den typischen Umzügen, bei Tänzen und Fastnachtsspielen getragen und in einigen Gegenden sogar von Generation zu Generation weitervererbt. Im 19. Jahrhundert verbreiteten sich auch im südwestdeutschen Raum die neuen Formen des vom Bildungsbürgertum getragenen rheinischen Karnevals. Da sich die Menschen in den ländlich-bäuerlichen Gegenden des schwäbisch-alemannischen Raums davon bevormundet fühlten, knüpften sie Anfang des 20. Jahrhunderts wieder an ihre eigenen alten Traditionen an und gründeten neue Narrenzünfte, die sich gegenwärtig wachsender Beliebtheit erfreuen.
Neben den alten Teufels- und Narrengestalten und Wilden Leuten machte die Hexenzunft die Fastnachtshexe mit ihrer typischen Holzmaske zur charakteristischen Figur der schwäbisch-alemannischen Fasnet. Viele Bäckereien verkaufen in der Fastnachtszeit Gebildbrote in der Form von Hexenmasken.
Am Schmutzigen Donnerstag, dem Schmotzigen Dunschtig, werden traditionell Fasnetsküchle, auch Fastnachtskrapfen oder Berliner genannt, in viel Fett gebacken. Damit erklärt sich auch die merkwürdige Bezeichnung des Tages, denn *schmutz* oder *schmotz* leitet sich nicht von schmutzig her, sondern bedeutet fett.

Luschtig ist die Fasenacht,
wenn mei Mueder Küechli bacht.
Wenn sie aber kaini bacht,
isch kai luschtig Fasenacht.

Am besten schmecken die Fasnetsküchle oder – je nach Region – Berliner oder Krapfen natürlich in Gesellschaft. Eine entsprechende Einladungskarte ließe sich mit folgenden Versen aus dem Fastnachtsspiel von dem Meistersinger und Schusterpoeten Hans Sachs »Das Krapfenholen« (1540) gestalten:

Ich hab zu Fastnacht euch hergeladen,
Daſs ich euch Kuchen holt und Fladen.
Und heut mit mir wollt Fastnacht halten
Dem Brauche nach dem guten Alten.

Eine Handschrift aus der Bibliothek des ehemaligen Dominikanerklosters von Rottweil enthält eine kuriose Predigt aus dem späten 14. Jahrhundert, die den Gläubigen mittels eines Rezepts für »Vasnacht Krapfen« die Grundsätze gottgefälligen Lebens ausmalt.

Welher mensch ain edeln vasnacht krapffen wol vnd auch essen der sol disser andechtigen ler in sinem hertzen nitt vergessen. Wen zu aim ietlichen fasnacht krapffen gehorent acht dinck. Zu dem ersten semelin mel. aijer. wasser. gewürtzte full. salz. ol. feur vnd ain pfan der jn der krapf gebachen werd. Waſs betuttend disse acht dinck. Daz semel mel bedut ain rein lutter leben mit ainem starcken guoten gewissen. Die ayer bedutend ain andechtig gebet vnd ain loblich opfer dem almechtigen got zu lob vnd ze ere. Die temperier vnd vermisch vnder ain ander mit wasser ainer waren vollkomenen reu diner sunde. Dar nach salcz den taig mit bescheidenheit vnd mit ainem geistlichen rewmutigen leben. Vsſs dem taig daz ist vſs dem hertzen vnd mach dar uſs ain krapffen der gott woll gefellichen ist vnd sij vnd full den den krapffen mit dem gewirtz ains andechtigen betrachten desz herten sterben und lidens vnseres hern Jhesu Christi dar jn findest tu sicherhait vnd wollust nach begird dines hertzen. Darnach wirff den krapfen jn das oll siner grundlosen barmhertzekeit vnd laſs jn bachen in der wol hitzigen pfannen dineſs andechtigen herzen vnd jnprinstigerer göttlicher lieby vnd lauſs jn auch wol praun werden jn dem warmen feur sines rosenfarben blut in andechtiger prinender lieb.
Rottweiler Klosterhandschrift, Fasnachtspredigt, 14. Jh.

Die mittelalterliche Rottweiler Predigt in deutscher Übersetzung:

»Der Mensch, der einen edlen Fastnachtskrapfen haben und auch essen will, der soll diese andächtige Lehre in seinem Herzen nicht vergessen. Denn zu einem jeglichen Fastnachtskrapfen gehören acht Dinge. Zum ersten Semmelmehl. Eier. Wasser. Viel Gewürze. Salz. Öl. Feuer und eine Pfanne, in der der Krapfen gebacken wird. Was bedeuten diese acht Dinge. Das Semmelmehl bedeutet ein reines, lauteres Leben mit einem starken guten Gewissen. Die Eier bedeuten ein andächtiges Gebet und ein löbliches Opfer dem allmächtigen Gott zu Lob und Ehre. Die erwärme und vermische sie untereinander mit dem Wasser einer wahren vollkommenen Reue deiner Sünde. Danach salze den Teig mit Bescheidenheit und mit einem geistlichen, reumütigen Leben. Aus dem Teig, das heißt aus dem Herzen, mach einen Krapfen, der Gott wohlgefällig ist und sei und fülle dann den Krapfen mit dem Gewürz eines andächtigen Betrachtens des harten Sterbens und Leidens unseres Herrn Jesu Christi. Darin findest du Sicherheit und das Verlangen nach dem, was dein Herz begehrt. Danach wirf den Krapfen in das Öl all seiner grundlosen Barmherzigkeit und lass ihn backen in der heißen Pfanne deines andächtigen Herzens und inbrünstiger göttlicher Liebe und lass ihn auch wohl braun werden in dem warmen Feuer seines roten Blutes in andächtiger brennender Liebe.«

Und immer wieder ging es – in den unterschiedlichsten Regionen – »um die Wurst«, die dem Fleischkonsum der weniger betuchten Bevölkerung genügen musste. Mancherorts wurde den Metzgergesellen seitens der Obrigkeit erlaubt, eine Riesenwurst herzustellen, die aufgrund ihres Gewichts von mehreren Männern transportiert werden musste. In Königsberg wog im Jahr 1601 solch ein Monstrum 900 Pfund, war 1005 Ellen lang und musste von 103 Fleischhackerknechten getragen werden.

Schwäbische Fasnetsküchle

Aus ½ Pfund Mehl, 125 g Butter, 4 Eiern, 30–40 g Hefe und Milch wird ein Teig nach Art der Hefeteige gemacht. Wenn er in der Schüssel gegangen ist, so sticht man Stücke aus der Masse, drückt sie ½ cm dick, schneidet verschobene Vierecke davon, läßt sie auf dem mit Mehl bestreuten Backbrett gut gehen und backt sie, im Schmalze schwimmend, unter öfterem Umdrehen schön gelb; dann legt man sie einen Augenblick auf Brotschnitten zum Ablaufen und bestreut sie mit Zucker und Zimt. Bei allem Schmalzgebackenem muß die Platte erwärmt sein, auf die es zu liegen kommt. Da die Fasnachtsküchlein sehr aufgehen im heißen Schmalz, darf man nicht zu viele auf einmal einlegen.

Friederike Luise Löffler, Neues Stuttgarter Kochbuch, 1922

Die Basler Fasnacht

Nur in Basel hat sich – trotz offizieller Aufhebung im Jahr 1529 – als einzige traditionelle evangelische Fastnacht die Burefasnacht (Bauernfastnacht) vom 14. Jahrhundert bis zum heutigen Tag gehalten, und zwar zu dem alten Fastnachtstermin vom Montag nach Aschermittwoch bis zum darauffolgenden Donnerstag. Vermutlich geht dieser Termin auf eine Änderung der Fastenzeit zurück. Ursprünglich zählten nämlich auch die Sonntage zur Passionszeit, sodass das vierzigtägige Fasten von daher erst am Montag nach unserem heutigen Aschermittwoch begann. Seit dem Konzil von Benevent 1091 nahm man die Sonntage als Herrentage vom Fasten aus; damit die Dauer der vierzig Fastentage gewahrt blieb, rückte der Beginn der Fastenzeit um sechs Tage vor und führte zu der heutigen Terminierung.

Die Basler Fasnacht beginnt morgens um 4.00 Uhr mit dem Morgenstraich; dieser Begriff meint die »Tagwache« zur Musterung

und geht auf eine militärische Musterung am Montag nach der Fastnacht im Jahr 1540 zurück. Nach Zeiten der Ausschweifung vor der Fastenzeit wurde die Basler Fastnacht im 18. Jahrhundert durch das Bürgertum überwiegend von militärischen Umzügen geprägt. Seit Ende des 19. Jahrhunderts organisierte die Mittelschicht die Feiern; daraus gingen die Fasnachtsclubs, die sogenannten Cliquen hervor, die bis heute die Vorbereitung und Durchführung der Fasnacht organisieren.
Die etwa 1800 aktiven Fasnachtler vermummen Gesicht und Körper hinter hölzernen Larven (Masken), die zumeist Tiergesichter darstellen; zugleich verhüllen sie den ganzen Körper unter einem Kostüm. Bei ihrem Tanz durch die Innenstadt musizieren die einzelnen Cliquen mit Piccoloföten, Pfeifen, Trommeln und Blechblasinstrumenten.
Typische Speisen für die Basler Fasnacht sind *Fasnachtskiechli* oder *Fasnachtschüechli* (Fastnachtsküchlein), eine besondere Art von Fettgebackenem, unterschiedlich aromatisierte Mehlsuppen sowie Zwiebel- oder Käsewähen: flache Blechkuchen aus Mürbe-, Hefe- oder Blätterteig mit einem Belag aus Zwiebelringen sowie evtl. auch Speck und/oder einem Guss aus geriebenem Käse, Eiern und Sauerrahm. Dazu gibt es heiße Schokolade.

Basler Mehlsuppe

Zutaten:
50 g Butter
50 g Mehl
1 Zwiebel
500 ml Fleischbrühe
Salz
Weißer Pfeffer aus der Mühle
Muskatnuss
Majoran
Garnierung:
4 El geriebener Käse

Vorküche: Die Butter erhitzen und das Mehl darin bräunen. Dabei mit einem Holzlöffel ständig rühren, damit das Mehl keine Klümpchen bildet und nicht anbrennt.
Zubereitung: Die Zwiebel schälen, sehr fein hacken, zufügen und mit anschwitzen. 1 l Wasser mit der Fleischbrühe in die Pfanne gießen und etwa 45 Minuten sanft köcheln lassen. Mit Salz, Pfeffer, Muskatnuss und Majoran abschmecken.
Servieren: Die Suppe auf Teller portionieren und mit je einem Löffel Käse bestreuen.

Der bayerische Fasching

Im Jahr 1295 wurde die Münchner »Fasnacht« das erste Mal urkundlich erwähnt; die »Maschkera«, das Tragen von Masken ist seit Ende des 15. Jahrhunderts schriftlich bezeugt. Die ursprüngliche Fastnachtszeit umfasste lediglich die vier Nächte vor Aschermittwoch, in denen man es genoss, vor Beginn des Fastens noch einmal ausgiebig zu essen und zu trinken und sich durch Fasenachtsspiele unterhalten zu lassen. Innerhalb der Stände blieb man bei diesen Feiern unter sich. Der weitverbreitete Brauch, gelegentlich einen »Fastnachtsochsen« umherzuführen, beruht darauf, dass die Metzger Mitte des 16. Jahrhunderts dafür belohnt wurden, »so sy den Ochsen einschlugen«; ein geschlachteter Ochse versprach nämlich den ersehnten Genuss von Fleisch, den zu erfüllen sich auch der Brauch des »Fleischstehlens« eingebürgert hatte.

Am Unsinnigen Pfinsta [Schmutziger Donnerstag] war das ›Fleischstehlen‹ erlaubt. Fleisch gab es bei den meisten Bauern nur an Sonn- und Feiertagen. Fleisch war in einer Weise begehrt, wie wir es uns, die wir an seinen täglichen Genuſs gewöhnt sind, nicht mehr vorzustellen vermögen. ›A Unsinniga hat mir mei Fleisch gstohln!‹ lamentierte an dem Donnerstag manche Bäuerin.«
Franziska Hager / Hans Heyn, Drudenhax und Allelujawasser

Unter dem feinsinnigen König Ludwig I. (1786–1868) erlebte der Münchner Fasching seine Blütezeit. Er lud Künstler aller couleur, Maler, Regisseure und Architekten, zu seinen Festen ein. Von daher sind die süddeutschen Faschingsfeiern außer durch kabarettistische Veranstaltungen bis heute von Theateraufführungen, künstlerischen Darbietungen und den berühmten Maskenbällen geprägt.

In Bayern hat sich Anfang des 19. Jahrhunderts wohl auch aus dem Grund, sich von der schwäbisch-alemannischen Fasnet abzugrenzen, der Begriff Fasching vollständig durchgesetzt. In ländlich-bäuerlichen Gegenden wurde der Faschingsdienstag auch Schnitzdienstag genannt, weil als Hauptmahlzeit an diesem Tag gedörrte Birnenschnitzen und Speck auf den Tisch kamen. Zum kulinarischen bayrischen Fasching gehört unbedingt die Münchner Weißwurst, denn sie ist, wie man sagt, eine Geburt – oder soll man besser sagen: eine Notgeburt – vom Wirtsmetzger Sepp Moser am Morgen des Rosenmontags 1857. In der Gaststätte »Zum Ewigen Licht« waren die Münchner Ratsherren und Honoratioren geladen. Doch bei der Vorbereitung der Bratwürste gingen ihm die dünnen Därme aus. In seiner Not füllte er das bereits zubereitete Brät in dickere Därme ab – und brühte die Würste in heißem Wasser, in dem er sie auch servieren ließ. Keiner der Gäste beklagte sich, im Gegenteil: Alle waren des Lobes voll – und damit war die *Weißwurst* geboren.

Historisches Weißwurst-Rezept

Die Wurst wird besonders fein, weiß und fest, wenn etwas gekochtes Kalbfleisch aus der Keule mit verhackt wird. 3 Pfd. entschwartete Schweinebrust (Rippe), 3 Pfd. Kalbfleisch oder weißes Schweinefleisch – die dunkleren Stücke geben der Wurst kein gutes Ansehen – werden nach dem Erkalten des Kochfleisches sehr fein gehackt. Etwas von dem Kragenfett, in dem die Zwiebeln kochten, wird durchs Sieb dazugegeben. Gewürz: Salz, weißer Pfeffer, wenig Muskat und Thymian. Die rundgebundenen, dünnen Würste kommen als erste in den Wurstkessel, dessen Wasser kaum sichtbar kocht. Kochdauer wenige Minuten. Dann in kaltes Wasser, danach bis zum anderen Tag zwischen nasse Tücher zu legen, damit sie weiß bleiben.

Davidis-Schulze, Das neue Kochbuch für die deutsche Küche, 1937

Josef Moser – so erfahren
wir es heut' in Stadt und Land –
war es, der vor hundert Jahren
eine neue Wurst erfand,
eine, die sowohl dem Prasser
wie dem Armen trefflich schmeckt
und die trotz dem vielen Wasser,
das sie füllt, voll Würze steckt.
Oh, was war das für ein großer
Mann, der dies Gebild' erdacht!
Alles Lob dem Josef Moser,
der uns diese Wurst gemacht!
Längst umwölkt von Wohlgerüchen,
wirkt sie mit an Münchens Glanz,
und in hundert Metzgerküchen
windet sie sich selbst zum Kranz,
der, ein vielgeschätzter, loser
kalbsgenährter Schmuck, sich hebt
und das Haupt des Josef Moser
wie ein Glorienschein umschwebt.

Die Fastenzeit

Wenn alle Völker
den Rat des Fastens annähmen,
würde tiefster Friede
in der Welt herrschen;
die Völker würden nicht mehr
gegeneinander aufstehen,
und auch die Heere
würden einander nicht in Stücke hauen.
Unser ganzes Leben
wäre nicht von Stöhnen und Seufzen erfüllt.
Das Fasten würde alle lehren, die Liebe zu überflüssigen Dingen
und die Neigung zu Feindseligkeiten
aufzugeben.

Basilius von Caesarea

Aschermittwoch

Am Aschermittwoch ist alles vorbei.« Mit diesen Worten beginnt ein Karnevalslied, getextet von Hans Jonen und vertont von dem Unterhaltungskünstler, Schlager- und Krätzchensänger *Jupp Schmitz* (1901–1991), das seit 1953 im Karneval gespielt und von Jahr zu Jahr populärer wurde. Inzwischen ist der erste Satz des Refrains zu einer Redensart geworden.

Mit diesem Lied nehmen die Karnevalsgesellschaften wieder einmal für ein Jahr Abschied vom geselligen und hier und da vielleicht auch einmal »sündhaftem« Treiben. Von nun an heißt es: »Asche auf mein Haupt«. So denken zumindest die bußfertigen Gläubigen, wenn sie sich nach einem seit dem 11.Jahrhundert lebendigen Brauch zu Beginn des Aschermittwochs ein Aschenkreuz auf Stirn oder Scheitel zeichnen lassen. Vom Aschermittwoch, der verständlicherweise seinen Namen von diesem Ritual bekommen hat, bis zum Ostersamstag wird in besonderer Weise der Passion, des Leidenswegs Jesu Christi gedacht.

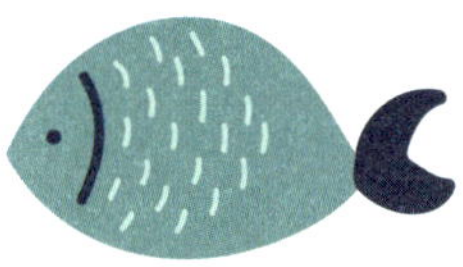

Die Asche wird bis heute aus den geweihten Palmblättern vom Palmsonntag des vergangenen Jahres gewonnen. Während der Fastenzeit hatten die Büßer die Gelegenheit, sich mit Fasten, Beten und guten Werken auf ihre Wiederaufnahme in die kirchliche Gemeinschaft am Gründonnerstag vorzubereiten.

Asche ist ein Symbol der Nichtigkeit und Vergänglichkeit des Menschen: Vom Staub ist der Mensch genommen und zu Staub wird er wieder werden, heißt es in Psalm 90. Daher wird Asche zum Zeichen der Buße und der Reue. Das zeigt sich schon in der Hebräischen Bibel: Der Büßer sitzt in »Staub und Asche«, er streut sich Asche auf sein Haupt und kleidet sich in Sack und Asche.

Aschermittwoch war strenger Fastentag. Nach der Messe gab es oft nur trockenes Brot, mittags eine einfache Suppe, ein Pilz-, Bohnen- oder Kartoffelgericht. Wer es ganz streng mit dem Fasten nahm, verzichtete bis zum Abend auf Speisen.

Der Brauch des Aschenkreuzes hat sich in der katholischen Kirche bis in die Gegenwart gehalten. Die traditionelle Fastenspeise am Aschermittwoch besteht heutzutage in einem Fischgericht, das sich allerdings mancherorts zu einem lukullischen Mahl entwickelt hat.

So sei die Zeit in Fröhlichkeit vertan!
Und ganz erwünscht kommt
Aschermittwoch an.
Indessen feiern wir, auf jeden Fall,
Nur lustiger das wilde Karneval.
Johann Wolfgang von Goethe, Faust II

Vierzig Tage: In der katholischen Kirche begeht man die Passionszeit unter Ausnahme der Sonntage als Fastenzeit, sodass das reine Fasten vom Aschermittwoch bis zum Karsamstag (Samstag vor Ostern) vierzig Tage (Quadragesima) dauert. Diese Zeit ist mit Bezug auf Jesu vierzigtägiges Fasten in der Wüste nach seiner Taufe am Jordan festgelegt worden, wo er den Versuchungen des Satans widerstehen musste. Die Zahl Vierzig ist aber auch von anderen biblischen Texten her als Zeit der Buße, der Erprobung, des Fastens und Betens, jedoch auch als Strafe zu verstehen: Die Sintflut dauerte vierzig Tage und vierzig Nächte, vierzig Jahre wanderte das Volk Israel durch die Wüste, vierzig Tage und Nächte harrte Mose auf dem Berg Sinai aus, bis er die Gebote empfing; vierzig Tage währte Elijas Wüstenwanderung zum Gottesberg Horeb, vierzig Tage Schonfrist waren der Stadt Ninive von Gott durch Jona bis zu ihrem Untergang angekündigt worden, wenn sie sich nicht bekehrte. Dem Kirchenvater *Augustinus* (354–430) nach bedeutet die Zahl Vierzig das irdische Leben, das gekennzeichnet ist von Plage, Wanderschaft und Erwartung.

In der Fastenzeit waren vergnügliche Veranstaltungen, selbst Hochzeiten, untersagt. Sogar Richter tagten in diesen Wochen nicht – und es war nicht erlaubt, die Todesstrafe zu vollstrecken.
Da der Fluch Gottes über die Bosheit der Menschen nur die warmblütigen Tiere, aber nicht die kaltblütigen betraf, galten diese als rein. Das ist der Grund, aus dem in der Fastenzeit, was den Verzehr von Tierprodukten angeht, nur Fischgerichte gegessen werden durften, deren gelingende Zubereitung offenbar von vielerlei Faktoren abhing.

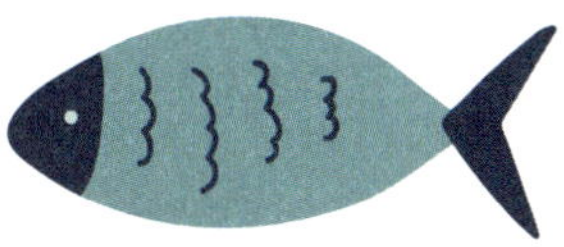

Von Fisch und Fleisch

Die Kunst, taktvoll zu kochen oder zur Theorie vom Sieden der Fische:
Es ist aber noch ungleich größeren Schwierigkeiten unterworfen, die Fische als das Fleisch zu sieden. Ein kunstgerechtes Sieden der Fische wird an den meisten fischreichen Ufern, vorzüglich aber in Holland durch eine stumme Überlieferung in allen Klassen der Gesellschaft fortgepflanzt und erhalten, während es an anderen Orten häufig selbst den berühmtesten Köchen mißlingt … Vergeblich habe ich mich bemüht, der Theorie vom Sieden der Fische auf den Grund zu kommen. Die Art und die Größe der Fische, das Wasser, in dem sie gelebt haben, die Zeit, die seit ihrem Ableben verflossen, die Witterung, das Wasser endlich, in dem sie gesotten werden sollen, bringt bei jedem neuen Versuche neue Erscheinungen hervor. Die Kunst, die Fische gut, das heißt vollkommen gar, doch nicht auseinander zu kochen, beruht daher auf einer Feinheit des Taktes, der dem Koche schon zur anderen Natur werden muß, wie dem Holländer oder jenen neapolitanischen Fischern, die winters an die toskanische Küste zu kommen pflegen.
Carl Friedrich von Rumohr, Königs Geist der Kochkunst, 1822

Ob den Fischen vor ihrem Fang und Verzehr eine Predigt gehalten wurde, wie sie von *Abraham a Santa Clara* (1644–1709) überliefert worden ist, konnte bisher nicht erforscht werden:

Des Antonius von Padua Fischpredigt

Antonius zur Predig
Die Kirche findt ledig.
Er geht zu den Flüssen
Und predigt den Fischen;
Sie schlagn mit den Schwänzen,
Im Sonnenschein glänzen.

Die Karpfen mit Rogen
Sind all hieher zogen,
Haben d'Mäuler aufrissen,
Sich Zuhörens beflissen:
Kein Predig niemalen
Den Karpfen so gfallen.

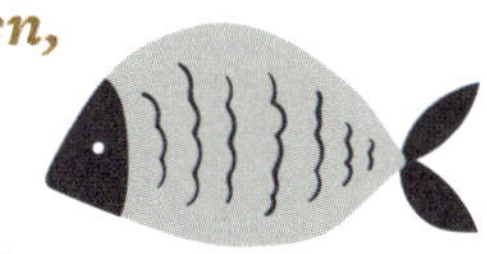

Auch jene Phantasten
So immer beim Fasten,
Die Stockfisch ich meine,
Zur Predigt erscheinen:
Kein Predigt niemalen
Dem Stockfisch so gfallen.

Spitzgoschete Hechte,
Die immerzu fechten,
Sind eilend herschwommen,
zu hören den Frommen:
Kein Predigt niemalen
Den Hechten so gfallen.

Gut Aalen und Hausen
Die Vornehme schmausen,
Die selber sich bequemen,
Die Predigt vernehmen:
Kein Predigt niemalen
Den Aalen so gfallen.

Auch Krebsen, Schildkroten,
Sonst langsame Boten,
Steigen eilend von Grund,
Zu hören diesen Mund:
Kein Predigt niemalen
Den Krebsen so gfallen.

Fisch grofse, Fisch kleine,
Vornehm und gemeine,
Erheben die Köpfe
Wie verständige Geschöpfe:
Auf Gottes Begehren
Antonium anhören.

Die Predigt geendet,
Ein jedes sich wendet,
Die Hechte bleiben Diebe,
Die Aale viel lieben.
Die Predigt hat gfallen.
Sie bleiben wie alle.

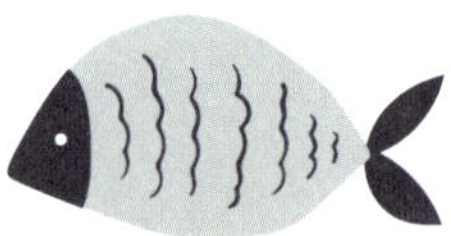

Die Krebs gehen zurücke,
Die Stockfisch bleiben dicke,
Die Karpfen viel fressen,
Die Predigt vergessen.
Die Predigt hat gfalln,
Sie bleiben wie alle.

Neben Fischen waren in der Fastenzeit ursprünglich nur Erzeugnisse aus Getreide und vegetarische Speisen erlaubt. Entsprechend schreibt *Sebastian Franck* in seinem »Weltbuch« von 1534 folgendermaßen:

Alsdann folgt die traurige Fast / darin essen sy viertzig tag kein fleysch / auch nit milch / käfs / eyer / schmaltz / dann vom Rhömischen stul / vnnd gnad erkaufft. Da beichten die leüt nach ordnung ein yeder all seine sündt bei einer todtsündt.

Seit 1491 war der Genuss von Tierprodukten in den Klöstern allerdings erlaubt worden, sodass sich in späteren Rezepten für die Fastenzeit auch reichlich Eier, Butter, Schmalz, Sahne und Milch finden.
Wer sich nicht an die Fastengebote hielt, wurde verdächtigt, Protestant zu sein und deshalb von der Obrigkeit mit empfindlichen Strafen belegt. So musste zum Beispiel der bayrische Chronist *Johannes Aventinus* (1477–1534) für elf Tage ins Gefängnis, weil herausgekommen war, dass er in der Fastenzeit Fleisch gegessen hatte. Als ruchbar wurde, dass der Philosoph *Erasmus von Rotterdam* (1466–1506) das Fastengebot gebrochen hatte, konterte er seinen Kritikern kurz und bündig: »Ich habe eine katholische Seele, aber einen protestantischen Magen.« Zur gleichen Zeit ließen sich aber auch andere Stimmen vernehmen. So hatte der französische Theologe und Schriftsteller *Franz von Sales* (1567-1622) in seinem Andachtsbuch »Philothea« (*Introduction à la vie dévote*, 1608) vor Übermäßigkeit nicht nur im Genuss, sondern ebenso auch im Fasten und bei Bußübungen gewarnt.

Gerne möchte ich daran erinnern, was der heilige Hieronymus der frommen Matrone Leta sagte: »Langes, übermäfsiges Fasten missfällt mir gar sehr, zumal an jenen, die noch in einem zarten Alter sind.« … Wir sind sehr den Versuchungen ausgesetzt, wenn unser Körper zu gut genährt und wenn er zu sehr erschöpft ist; denn das Erste macht in seiner Behaglichkeit ihn übermütig, und das Andere macht vor Missbehagen ihn kleinmütig; und wie wir ihn nicht zu tragen vermögen, wenn er zu fett ist, so vermag auch er nicht uns zu tragen, wenn er zu mager ist. Die übermäfsige Anwendung des Fastens, der Geifsel, des Bufshemdes und anderer Bufswerke machte so manche fromme Personen in ihren besten Jahren zu Liebesdiensten untauglich, wie dies dem heiligen Bernhard widerfuhr, der es bereute, eine allzu strenge Lebensweise geführt zu haben; und je strenger jene anfangs gegen ihren Körper verfahren, desto mehr sind sie am Ende gezwungen, seiner zu schonen. Hätten sie nicht besser getan, ihn immer wieder auf gleiche Art und den Pflichten und Arbeiten gemäfs zu behandeln, welche ihr Beruf ihnen auflegte?
Franz von Sales

Fischotter zuzurichten

Er ist auf keine andere Art besser als gebraten. Hat man Zeit, ihn über Nacht mit Salz, Nägelein und Pfeffer einzureiben und Essig nebst Citronenscheiben und Lorbeerlaub darüber zu thun, so ist es gut; im Gegentheil aber wird er ebenfalls wohl eingerieben, mit einem Butterpapier umbunden, und langsam gebraten. In die Bratpfanne kommt: Rosmarin, ein Paar Lorbeerblätter, Citronenscheiben, ganze Nägelein, eine ganze Zwiebel, ein wenig Butter, Essig, und etwas Fleischbrühe, womit man den Fischotter so fleißig als möglich begießt. Der Kopf muß abgeschnitten werden, weil er häßlich aussieht. Wenn er nun gebraten ist, wird eine Handvoll Brosamen mit ein wenig Mehl vermischt, in einem Stückchen Butter braun geröstet, eine kleingeschnittene Zwiebel darin abgedämpft, die Sauce aus der Bratpfanne durch einem Schaumlöffel an das Brod gegossen, und noch ein wenig auf Kohlen aufgekocht. Würde die Sauce zu dick, so schüttet man noch ein wenig Fleischbrühe daran; wäre sie aber nicht schmackhaft genug, so wird ihr mit Citronensaft geholfen. Wenn der Fischotter angerichtet ist, wird die Sauce besonders dazu aufgesetzt, und auch Senft dazu gegeben.

Johann Christian Daniel Sinner, Neues Kochbuch für bürgerliche Haushaltungen, 1803

Immer wieder gab es auch groteske Versuche, die Fastenvorschriften aufzuweichen oder zu umgehen. So deklarierte man unter anderem Stockenten, Schwäne, Biber, Kormorane und Fischotter schlichtweg als Wassertiere, da sie ihr Leben weitgehend im Wasser verbringen und sich auch von Fischen ernähren; von daher, so die klösterliche Logik, konnte man sich mit gutem Gewissen zum Beispiel einen gebratenen Fischotter gönnen.

Auf ganz andere Weise entgingen die Mönche im Kloster Maulbronn einst dem gestrengen Entsagen fleischlicher Genüsse. Dadurch kam es zur Erfindung einer schwäbischen Spezialität, die wir auch heute noch, mittlerweile in vielerlei Geschmacksvarianten, genießen, nämlich den Maultaschen. Eines Tages, mitten im dreißigjährigen Krieg, so erzählt es eine alte Legende, fiel dem Maulbronner Laienmönch Jacob unterwegs ein Beutel mit einem großen Stück Fleisch in die Hände, den offenbar ein Dieb unterwegs verloren hatte. Hungrig nahm er ihn mit ins Kloster. Das Problem war allerdings, dass noch Fastenzeit und der Verzehr von Fleisch also verboten war. Aber war es nicht ebenfalls eine Sünde, wenn man dieses Stück Fleisch verkommen ließe, zumal die Mahlzeiten im Kloster ohnehin recht dürftig ausfielen? Jacob überlegte hin und her, bis er einen genialen Einfall hatte. Er holte frische Frühlingskräuter aus dem Klostergarten, hackte sie, wie auch das Fleisch und vermischte beide miteinander. Diese graugrüne Masse umhüllte er sicherheitshalber noch mit Nudelteig, um dieses Vergehen vor »Gottes Augen« zu verbergen und servierte sie am Gründonnerstag seinen Klosterbrüdern. Von daher werden die mit Fleisch gefüllten Maultaschen vom Namen des Klosters her als »Maultäschle« oder im Volksmund bis heute auch als »Herrgottsb'scheißerle« bezeichnet.

Maultaschen

Zutaten:
Für den Nudelteig
400 g Mehl
3 Eier
Salz
1 Eiweiß

Für die Füllung
2 altbackene Brötchen
2 Eier
1 feingehackte Zwiebel
½ Bund gewiegte Petersilie
100 g Rinderhackfleisch
100 g Bratwurstbrät
100 g klein gewürfeltes Rauchfleisch
400 g tiefgekühlter Spinat
Salz
Weißer Pfeffer aus der Mühle
Muskatnuss

Garnierung
Fleischbrühe oder Butter

Vorküche: Das Mehl in eine Schüssel sieben, die Eier, lauwarmes Wasser und Salz zugeben und alles zu einem glatten Teig verkneten. Pro Ei wird etwa eine halbe Eischale Wasser gerechnet. Den Teig etwa ½ Stunde ruhen lassen. In der Zwischenzeit für die Füllung die Brötchen in Wasser einweichen, ausdrücken, zerzupfen und mit den Eiern, der fein gehackten Zwiebel und der Petersilie vermengen.
Zubereitung: Das Hackfleisch mit dem Brät vermischen, die Brötchenmasse unterarbeiten und das gewürfelte Rauchfleisch zugeben. Den aufgetauten, aber noch kalten Spinat unter die Masse geben und alles kräftig mit Salz, Pfeffer und Muskatnuss würzen. Den Nudelteig auf einer mit Mehl bestreuten Arbeitsfläche messerrückendick ausrollen und in etwa 10 cm große Quadrate schneiden. Die Ränder mit Eiweiß bestreichen und je ein Häufchen Füllung in die Mitte setzen. Die Teigstücke zusammenklappen und die Ränder fest andrücken oder rändern. Salzwasser zum Kochen bringen und die Maultaschen darin etwa 10 Minuten garen. Die Maultaschen steigen an die Oberfläche, wenn sie fertig sind.
Servieren: Die Maultaschen können in Fleischbrühe oder mit heißer Butter übergossen serviert werden.
Merkzettel: Das Grundrezept für Maultaschen ist bis auf wenige abweichende Zutaten immer gleich. Für die Füllung hat jedoch jede Köchin ihr spezielles Rezept.
Klaus Teuber, Alte schwäbische Küche

Die Sehnsucht nach fleischlicher Speise war bei den Mönchen so groß, dass sich, der Legende nach, einer zu der Aussage hinreißen ließ: »Linsen sind mir schon recht, aber zu jeder Linse eine Bratwurst.« Und dann gibt es da noch die kuriose Legende von den Mönchen, die sich in der Fastenzeit angeblich noch auf ganz andere Weise in den Genuss von Fleisch gebracht haben. So soll der ein oder andere Abt schon einmal beim Segnen der Mahlzeit einen Fasan oder ein knuspriges Spanferkel mit den Worten *Ego te baptizo carpam* (»Ich taufe dich Karpfen«) in eine Fastenspeise ›verwandelt‹ haben.

Flüssiges bricht das Fasten nicht

Wie aber verhielt es sich mit Getränken? Kaffee und Tee gab es noch nicht, Wasser konnte man nur trinken, wenn es abgekocht war, und Wein war zu teuer. Blieb also nur das Bier, das seit eh und je in den Klöstern gebraut wurde. Aber war diese Nährstoffquelle, die die Mönche bei ihrer schweren körperlichen Arbeit mit Energie versorgte, während der Fastenzeit gestattet? Sicherheitshalber fragte man den Papst. Damit der ein Urteil fällen konnte, wurde ihm Bier nach Rom gesandt. Vermutlich war das eigens gebraute starke Fastenbier unterwegs schlecht geworden, denn nachdem der Papst dieses scheußlich bittere Getränk gekostet hatte, ließ er verlauten: *Liquida non frangunt ieiunium* – »Flüssiges bricht das Fasten nicht«. Bis zu fünf Liter sollen angeblich jedem Mönch davon zugestanden worden sein: pro Tag. Bis heute gibt es in der Fastenzeit traditionsreiche Starkbieranstiche, wie zum Beispiel in Bayern auf dem Nokherberg.

Nicht viel anders steht es um Schokolade. In Mexiko war darüber ein Streit entfacht, ob Schokolade in der Fastenzeit erlaubt sei oder nicht. Als der Streit zu eskalieren drohte, hatten die Bischöfe von Mexiko im Jahr 1569 einen Sendboten mit einem Becher *Xocolatl*, einem dickflüssigen Schokoladentrunk, in den Vatikan geschickt. Die Frage war, ob dieser wässrige Schokoladenbrei als nährende Speise zu verstehen sei – und damit in der Fastenzeit verboten sein müsste – oder ob er als Getränk gelte und von daher zu sich genommen werden dürfe. Während so einige Päpste im Verlauf von etwa 250

Jahren zuvor diesen Schokoladentrunk für zu nahrhaft gehalten hatten, um als Fastenspeise durchzugehen, soll Papst Pius V. beim Kosten des bitteren, weil ungesüßten Getränks widerwillig das Gesicht verzogen und als Fastenspeise mit den Worten bewilligt haben: *Potus iste non frangit ieiunium* – »Schokolade bricht das Fasten nicht«.
Im Gegensatz zu den puritanischen Dominikanern freuten sich vor allem die Jesuiten über diese Entscheidung, denn sie betrieben bereits einen schwunghaften Handel mit fester Schokolade.

Fastenordnung für die Diözese Rottenburg für das Jahr 1902

Kraft der uns vom Apostolischen Stuhle eingeräumten Vollmacht, das allgemeine kirchliche Fastengebot den Orts- und Zeitverhältnissen entsprechend zu mildern, bestimmen wir bezüglich der Fastenordnung in unserer Diöcese für das laufende Jahr wie folgt:

1. Das Gebot der Abstinenz, d. h. der Enthaltung von Fleischspeisen gilt für folgende Tage:
a) den Aschermittwoch,
b) die drei letzten Tage der Karwoche,
c) für alle Freitage des ganzen Jahres, auf welche nicht ein gebotener Feiertag fällt.
Mit Berücksichtigung unserer Verhältnisse gestatten wir jedoch auch an diesen Abstinenztagen mit alleiniger Ausnahme des Karfreitags den Genufs von Fleischspeisen:
a) allen Militärpersonen,
b) den Reisenden,
c) den Handwerksgesellen, Lehrlingen und Dienstboten, welche bezüglich der Auswahl der Speisen von Andern abhängig sind, sowie auch
d) den ganz Armen, welchen ihre Dürftigkeit keine Wahl der Speisen erlaubt.

2. Das Gebot des eigentlichen Fastens, d. h. der Enthaltung von Speisen aufser der einmaligen Sättigung zur Mittagszeit und einer kleinen Stärkung des Abends besteht
a) für alle Tage der 40tägigen Fastenzeit mit Ausnahme der Sonntage (nicht aber der einfallenden Feiertage),
b) für alle Quatembertage,
c) für die Vortage (Vigilien) der hohen Festtage Weihnachten, Pfingsten, Peter und Paul, Mariä Himmelfahrt und Allerheiligen.
Die bisherige in der Diözese bestehende Gewohnheit, an den genannten Fasttagen bei der abendlichen Kollation Fleischspeisen zu geniefsen, kann auch für das laufende Jahr beibehalten werden.
Zur Beobachtung des Fastengebots sind nicht verpflichtet jene Personen, welche das 21ste Lebensjahr noch nicht zurückgelegt haben, sowie alle, welche durch vollgültige Gründe entschuldigt sind, wie die Kranken, Altersschwachen, mit schwerer Arbeit Belasteten, die Soldaten und die Reisenden.

3. An allen Abstinenz- und Fasttagen ist der Genufs von Milch und Eierspeise (Lacticinien) sowohl bei der Hauptmahlzeit als bei der abendlichen Kollation erlaubt. Ebenso wird gestattet, dafs die Gläubigen an den genannten Tagen zum Schmelzen der Speisen Tierfett verwenden dürfen, mit Ausnahme des Karfreitags.
Dagegen ist untersagt, an den Quatember- und Vigilfasten, und während der ganzen Zeit von Aschermittwoch bis Ostern – also auch die Fastensonntage eingeschlossen – bei ein und derselben Mahlzeit Fisch und Fleisch zugleich zu geniefsen.

4. Jedem Ortsseelsorger und Beichtvater wird die Ermächtigung erteilt, vom Abstinenz- und Fastengebot mit Rücksicht auf besondere Verhältnisse aus wichtigen Gründen zu dispensieren.

5. Bei dieser außerordentlichen Milderung des allgemeinen kirchlichen Fasten= und Abstinenzgebotes ermahnen wir jedoch die Gläubigen und besonders Jene, welche von einer speziellen Dispens Gebrauch machen, sich dafür um so eifriger zu erweisen in frommem Gebete und in den Werken christlicher Nächstenliebe, besonders im reichlichen Almosen zur Linderung der Not der Armen.

Gegeben zu Rottenburg, 1. Februar 1902
Paul Wilhelm, Bischof

Wörishofener Kloster-Fasten

Verglichen mit traditionellen Fastenspeisen, mutet der »Speisezettel für Fasttage« der Dominikanerinnen von Worishöfen zu Beginn des 20. Jahrhunderts hingegen üppig an:

- Krebssuppe mit Einlage
- Rheinsalm mit Butter und Salzkartoffeln
- Schneeberg
- Gespickter Hecht mit Salat und Bratkartoffeln
- Prinzregentenpudding mit Weinsauce
- Haselnusstorte
- Vanillegefrorenes
- Dessert-Obst

Krebssuppe mit Einlage

12 Krebse werden in Wasser gekocht und Scheeren und Schweifchen schön ausgelöst. Das Uebrige wird im Mörser zerstoßen, in Butter gedünstet, bis die Butter rot ist, mit 2 Löffel Mehl bestäubt, noch eine Weile gedünstet und mit klarer Fastensuppe aufgegossen. Man läßt die Suppe noch eine Zeitlang kochen und seiht sie vor dem Anrichten ab, gibt Salz, das Krebsfleisch und Goldwürfel oder Biskuit hinein.

Rheinsalm mit Butter und Salzkartoffeln

Ein Stück Salm, je nach Bedarf, wird geschuppt, gesalzen und gepfeffert und in den vorbereiteten blauen Sud gegeben. Man kann den Fisch im blauen Sud zu Tisch bringen oder folgende Sauce dazugeben: In etwa ¼ Ltr. blauen Sud läßt man einen großen Eßl. Mehl, der mit Wasser glatt abgerührt ist, einlaufen, das Ganze aufkochen und gibt zuletzt noch 2–3 Eßl. sauren Rahm dazu.

Fischsud zu blauen Fischen

Man nimmt zwei Teile Wasser, 1 Teil Essig, nach Belieben auch etwas Weißwein dazu. Darein kommen einige Zwiebelscheiben, ebenso eine gelbe Rübe, etwas Salz, einige Zitronenscheiben, einige Petersilienwurzeln, 1 Stück Porree, Pfefferkörner und 1 Lorbeerblatt. Der Sud wird zum Kochen gebracht, dann ein wenig auf die Seite gestellt und der vorbereitete Fisch hineingegeben. Je nach der Größe läßt man denselben länger oder kürzer ziehen. Es ist gut, wenn man beim Kochen der Fische die Augen im Kopf läßt.

Schneeberg

Biskuit wird in schöne Vierecke geschnitten und in eine bestrichene Auflaufform gegeben, Wein-Chadeau darüber gegossen und ¼ Stunde ins heiße Rohr gestellt. Währenddessen werden 6 Eiweiß zu Schnee geschlagen. Jetzt kann man den Auflauf auch aus der Form stürzen. Die Hälfte des Schnees gibt man auf den Auflauf, die andere Hälfte bringt man in den Spritzbeutel und dressiert ihn zierlich über ihn. Dann wird das Ganze mit feinem Zucker fest bestreut und noch zehn Minuten in das heiße Rohr gestellt.

Gespickter Hecht

Ein Hecht von etwa 2 Pfd. wird geschuppt, ausgenommen, gewaschen, mit Salz und Pfeffer eingerieben und dann der Länge nach oder etwas gebogen in eine Bratraine gebracht. Dazu gibt man gleichzeitig Zwiebeln, gelbe Rüben, Petersilienwurzeln, Porree und einige Pfefferkörner. Der Fisch wird mit heißer Butter übergossen und im Rohr gebraten... Dann wird die Haut vorsichtig abgezogen, der Fisch wird mit Sardellen gespickt und gebraten.

Prinzregentenpudding mit Weißweinsauce

5 altgebackene Semmeln werden abgeschält, in dünne Scheiben geschnitten, mit Milch ein wenig angefeuchtet und in Butter leicht angebraten. Dann werden 4 Eier, 75 gr Zucker und ¼ l Milch, besser noch süßer Rahm, mit dem Schneebesen geschlagen. Nun wird eine Puddingform bestrichen und die Semmeln mit Weinbeeren, Rosinen, 50 gr abgezogenen, nicht zu fein gewiegten Mandeln und etwas Zitronenschale schichtenweise eingegeben, bis die Form fast voll ist. Den Deckel müssen Brotschnitten bilden. Die geschlagene Masse, der man nach Belieben 1 Gläschen Rum beigeben kann, wird über den Pudding gegossen und 1½–2 Stunden im Dunst gekocht.

Weißweinsauce (Chadeau)

½ Flasche Wein siedet man mit einem Stückchen Zimt, Zitronen- oder Orangenschale. Jetzt rührt man 3 Eigelb mit ¼ Pfd. Staubzucker und 1 Löffel feinem Pudermehl gut schaumig, gießt nach und nach den kochenden Wein daran und läßt das Ganze auf dem Feuer unter fortwährendem Rühren anziehen, bis es dick wird. Einige Eßl. Arrak oder Rum zuletzt daran gegossen, erhöht den Geschmack.

Haselnusstorte

140 gr Zucker werden mit 6 Eigelb ½ Stunde gerührt. Dann mengt man 120 gr fein geriebene Nüsse, 20 gr fein gesiebte Semmelbröseln, sowie 40 gr fein geschnittenes Zitronat dazu und bringt zuletzt den Schnee von 6 Eiweiß leicht darunter. Nach dem Erkalten füllt man die Torte mit sehr dickem Schlagrahm, der mit Vanillezucker vermischt wurde.

Vanillegefrorenes

Man siedet 1 Ltr. Rahm mit 1 Stängelchen Vanille, gießt ihn ab und stellt ihn beiseite. Indessen werden 3 ganze Eier mit ½ Pfd. Zucker schaumig gerührt, der Vanillerahm daran gegossen und unter fleißigem Rühren am Feuer zum Kochen gebracht. Dann schüttet man die Masse in eine Schüssel zum Auskühlen und richtet währenddessen die Gefrierbüchse. Es kommt eine Lage fein zerklopftes Eis in den Gefrierkübel, dann eine Lage Viehsalz und so fort, bis der Kübel voll ist. Jetzt gießt man die ganz ausgekühlte Masse in die Gefrierbüchse, läßt sie 5 Minuten stehen und fängt dann an, gleichmäßig zu drehen. Läßt sich die Gefrierbüchse nicht mehr drehen, so ist das Eis fertig.

Alle Rezepte aus: Die Klosterküche von Wörishofen, Erprobte Rezepte aus der Haushaltungsküche, hg. von den Schwestern des Dominikanerinnenklosters Wörishofen, Bad Wörishofen 1926

Dass sich die gelockerten Fastenregeln auch schnell im Volk verbreiteten, versteht sich von selbst.
Die evangelische Kirche kennt keine festen Speisevorschriften für die Passionszeit, da Martin Luther der Ansicht war, dass man sich nicht zu einem bestimmten Handeln zwingen müsse, das Gott nicht geboten habe. Seit 1983 gibt es in der evangelischen Kirche allerdings die Fastenaktion »Sieben Wochen ohne«, der man sich anschließen kann, um auf Nikotin, Alkohol, Süßigkeiten, Fernsehen, Autofahren oder anderes Konsumverhalten zu verzichten und dadurch seine Unabhängigkeit wiederzuerlangen.

Fasten liegt im Trend – ebenso wie die Tendenz, sich durch Lebensmittel zu ernähren, die in der eigenen Gegend erzeugt werden (regional essen) und der Jahreszeit folgen (jahreszeitlich essen). Warum entspricht Fasten einem »natürlichen« Lebensstil? Fasten bedeutet, die Energiezufuhr des Körpers vorübergehend zu drosseln, um neue Energie zu gewinnen. Dahinter steht eine lange Entwicklungsgeschichte mit ihren jahreszeitlichen Schwankungen im Nahrungsangebot: Mit dem zeitweisen Verzicht auf Nahrung erhält der Körper eine »Pause« vom evolutionsgeschichtlich gesehen anstrengenden Dauerstress von Nahrungsverarbeitung und -verdauung. Der Verzicht beim Fasten tut nicht nur dem Körper gut, sondern wirkt sich vor allem positiv auf das mentale Wohlbefinden aus. Und hier ist das moderne Fasten gar nicht so weit entfernt vom traditionellen Fasten aus religiösen Gründen.

Die Woche vor Ostern
(Karwoche)

Was keiner wagt, das sollt ihr wagen.
Was keiner sagt, das sagt heraus.
Was keiner denkt, das wagt zu denken.
Was keiner anfängt, das führt aus.

Wenn keiner ja sagt, sollt ihr's sagen.
Wenn keiner nein sagt, sagt doch nein.
Wenn alle zweifeln, wagt zu glauben.
Wenn alle mittun, steht allein.

Wo alle loben, habt Bedenken.
Wo alle spotten, spottet nicht.
Wo alle geizen, wagt zu schenken.
Wo alles dunkel ist, macht Licht.

Lothar Zenetti

Palmsonntag

Dass sich Menschen die Befreiung von unterdrückenden politischen Strukturen wünschen, können wir nachvollziehen. Danach sehnte sich dereinst auch das jüdische Volk. Als Jesus auf einem Esel in Jerusalem einritt, um dort mit seinen Jüngern das Pessachfest zu feiern, jubelte ihm die Menge zu und streute Palmzweige auf seinen Weg: Symbol für Freiheit und siegreiches Königtum, weil sie hoffte, Jesus würde sie von der Macht der Römerherrschaft befreien.

Mit dem Palmsonntag beginnt die Karwoche. Schon um 400 n. Chr. war es in Jerusalem Sitte, in der Zeit vor Ostern die letzten Tage im Leben Jesu nach den Erzählungen der Evangelien in Szene zu setzen. So gestaltete man eine Prozession von Bethanien aus bis zum Einzug in Jerusalem, wo Jesus auf einem Esel in die Stadt einziehend, als Messias bejubelt wurde und ihm zu Füßen Palmzweige ausgebreitet worden waren.

Diese kultischen Darstellungen können als Vorläufer zu den späteren Passionsspielen verstanden werden. Der Brauch der Palmprozessionen hat sich im 11./12. Jahrhundert in der ganzen westlichen Kirche verbreitet und wurde regional unterschiedlich ausgestaltet. Da man in Deutschland keine Palmen zur Verfügung hatte, dienten andere Grünzweige, unter anderem Weidenkätzchen, Haselzweige, Buchsbaum, Tanne oder Stechpalmen als Ersatz. An manchen Orten wurden die Palmen mit Äpfeln oder Gebildbroten, Brezeln, Zuckerzeug, Eiern oder Würsten behängt.

Der Palmsonntag stand im Zeichen des Palmbundes, das von allen Kindern mit in die Kirche genommen wurde. In den Tagen vorher holten wir aus den benachbarten Wäldern Weidenzweige, die dort massenhaft zu finden waren. Am Abend vor dem Palmsonntag war es Aufgabe des Vaters, das Palmbund zusammenzustellen. Er nahm einen besonders langen Weidenzweig, befreite ihn von den Kätzchen und glättete ihn mit dem Messer. Auf diesen glatten Zweig schob er dann eine Reihe Äpfel, 6 bis 8 oder sogar 10, möglichst dick und leuchtend rot, die eigens zu diesem Zweck im Winter zurückgelegt worden waren. (Es war der Ehrgeiz des Palmbundträgers, in der Kirche die meisten und schönsten Äpfel vorweisen zu können.) Der Zweig mit den Äpfeln wurde ringsum mit Weidenzweigen umgeben und mit einem hellen Band zusammengehalten. Einen sonstigen Schmuck trug das Palmbund nicht. Nach der Heimkehr aus der Kirche verteilte der Vater die Äpfel unter die anwesenden Kinder, denen natürlich die geweihten Äpfel besonders gut schmeckten. Hatte ein Nachbarhaus keine Kinder, die ein Palmbund zur Kirche tragen konnten, so brachten wir nach dort einen Teil der Äpfel und der Palmen, wofür wir als Entgelt eine Kleinigkeit an Geld oder Süßigkeiten erhielten. Die Palmkätzchen streute der Vater dem Vieh ins Futter. Am Nachmittag nahm er einen Teil der Zweige und steckte sie an die Ecken der Saatfelder. Der Rest der Palmzweige steckte während des Jahres hinter dem Kreuz oder hinter dem Spiegel; bei einem Gewitter wurden sie in frommem Glauben ins Feuer geworfen.

Bericht aus dem Landkreis Paderborn um 1900

Gründonnerstag

Bei »Gründonnerstag« denkt man sogleich, dass er etwas mit der Farbe Grün zu tun haben muss. Zunächst einmal aber geht die Bezeichnung auf die mittelhochdeutschen Wörter *gronan*, *grinen* und *greinen* für klagen und weinen zurück. Der Begriff *Greindonnerstag* hat sich im Laufe der Zeit vermutlich zu *Gründonnerstag* verschlissen.

An Gründonnerstag, dem Tag vor dem Karfreitag, wurden die Büßer, die Klagenden und Weinenden, die am Aschermittwoch aus der Kirchengemeinschaft ausgeschlossen worden waren, wieder in die Gemeinde aufgenommen und damit zur Mitfeier des Gottesdienstes zugelassen.
Das Weinen und Klagen kann sich aber auch auf die Ölbergstunden Jesu vor seiner Verhaftung, auf sein Gebet unter »lauten Schreien und Tränen« (Hebräerbrief der Bibel), beziehen.
In der kirchlichen Feier des Gründonnerstagabends steht das »Letzte Abendmahl« im Mittelpunkt. Nach den Erzählungen der Bibel hat Jesus an diesem Abend mit seinen Jüngern ein Abschiedsmahl gefeiert zum Gedächtnis an sein kommendes Leiden und vorausschauend auf seine Auferweckung. Auch heute wird in den Gottesdiensten am Gründonnerstag besonders an die Einsetzung des Heiligen Abendmahls gedacht. Im Gottesdienst werden das letzte Mal vor Ostern die Glocken geläutet – bis sie in der Osternacht wieder erklingen. Daraus hat sich die Redewendung entwickelt: Die Glocken fliegen nach Rom.

Grünkräuter-Speisen

Auch wenn der Ursprung des Namens »Gründonnerstag« wohl nicht auf die Farbe Grün zurückgeht, so knüpfen spätere Deutungen doch daran an: Grün steht für die Hoffnung auf den kommenden Frühling und das Erwachen der Natur. So hat man in dieser Jahreszeit schon vor der christlichen Missionierung etwas Grünes gegessen. Einem germanischen Brauch entsprach es, zu Ehren des Donnergotts Thor Nesseln mit grünem Kohl zu essen. Dieses Kohlgericht wurde auch durch andere grüne Gemüse und Kräuter wie Brunnenkresse, Hopfenkeime oder Scharbockskraut ergänzt:
Man glaubte, dass die am Gründonnerstag gepflückten Kräuter eine besondere Heilkraft besaßen. Bei der traditionellen *Siebenkräutersuppe* als auch bei der *Neunkräutersuppe,* auch *Neunstärke* genannt, spielen wieder die Zahlen sieben und neun als Zahlen der Ganzheitlichkeit (*siehe Lebkuchengewürze* ↗ S. 17) eine Rolle.
Die *Siebenkräutersuppe* enthielt Lauch, Salat, Spinat, Petersilie, Schnittlauch, Sauerampfer und Löwenzahn. Die *Neunkräutersuppe* enthielt zum Beispiel Brunnenkresse, Lauch, Nesseln, Sauerklee, Wegwarte, Löwenzahn, Bibernelle, Bachbunge und Fetthenne. Oder auch: Schlüsselblume, Holundersprossen und Frauenmantel. Nach anderen Quellen auch: Lauch, Brennnessel, Brunnenkresse, Löwenzahn, Kerbel, Schafgarbe, Schnittlauch, Petersilie, Basilikum – und ein paar kleine Kartoffeln.
Die *mittelalterliche Neunstärke* bestand aus: Giersch, Löwenzahn, Taubnessel, Brennnessel, Schafgarbe, Sauerampfer, Sauerklee, Tripmadam und Gänseblümchen, wobei die Reihenfolge einen Hinweis auf die Anteile der jeweiligen Kräuter gibt.
Da Ostern – und damit zugleich natürlich die Karwoche – mal bereits in den März, mal erst in den April fällt, wurden im Allgemeinen die Kräuter verwendet, die zur entsprechenden Zeit gediehen waren, sodass man sich nicht immer an die oben vorgegebene Auswahl an Kräutern halten konnte.

Allerlei Grünkraut und Müsingen zu bereiten

Nehmet schön Brunnenwasser, etwas altbacken Weiß-Brod / hänget es übers Feuer / und scherbt unterdessen das grüne Kraut / als Kerffel / Bethe / Ochsen-Zung / Borrage / die jungen Blätter von schwartzen Johannisbeeren / und Goldblumenblätter / auch Lauch / Katzen-Nept ein wenig Spinat und Sauerampff / wenn nun das Weiß-Brod eine Zeitlang gekocht / so daß das Brod zergangen / thut was ihr von den gemeldten Kräutern habt mit Butter und Saltz hinzu / und last es gar kochen.
Rezept aus dem 18. Jahrhundert

Das traditionsreichste Gericht war die später als *Frankfurter Grüne Sauce* bekannt gewordene kalte Kräutersoße mit Pellkartoffeln, auf die *Johann Wolfgang von Goethe* sowie auch sein Freund *Alexander von Humboldt* an diesem Tag größten Wert legten. Über Gründonnerstagsspeisen schrieb Goethe 1807 an seine Gattin *Christiane Vulpius:* »Am Grünen Donnerstag hatten wir uns Kohlsprossen bestellt und Honig zum Nachtisch, um dieses Fest recht würdig zu feyern. August hatte selbst Eyer roth und hart gesotten. Da die Fastenbrezeln alle sind, so bäckt die Köchin allerley Torten und Kuchen, die ihr nicht übel gerathen. Ein Truthahn ist abgeschlachtet und andre gute Dinge sind im Vorrath.«

Grüne Sauce aus Goethes Zeiten

Man nimmt ungefähr ein halbes Pfund frische Butter und rührt sie zu Schaum; dann thut man vier Eigelb und zwei gesottene Eier dazu und verrührt dies mit der Butter. Hierzu kommt ein Löffel voll Provenceröl [Olivenöl], etwas Essig, etwas Zitronenschale und ein Löffel voll gutem Senf. Dann wird das Grüne fein gehackt, dazu gerührt und durch ein Haarsieb gedrückt. Das Grüne besteht aus Borretsch, Sauerampfer, Pimpernell, Drachant [Estragon]. Auch kommt etwas Pfeffer und Salz dazu. – Hat man gute Fleischgelée, so wird diese Sauce besser, wenn man statt Butter Gelée nimmt.

Aus dem Kochbuch der Frau Rath Schlosser (Schwiegermutter von Goethes Schwester)

Anmerkung: Diese »Grüne Sauce« hat die Konsistenz von Kräuterbutter. Heutzutage bereiten wir Grüne Sauce statt mit Butter mit Mayonnaise und Sauerrahm oder Joghurt zu.

Regional verschieden, haben sich auch andere grüne Speisen durchgesetzt. In Schwaben entwickelten sich Rezepte für Laubfrösche, gerollte gefüllte Spinatblätter, und Maulschellen, meist mit Frischkäse und fein gehacktem frischem Gemüse gefüllte Nudeln, die an die Ohrfeigen erinnern sollten, die Jesus, dem Johannesevangelium nach, am Gründonnerstag-Abend von den Dienern des Hohepriesters erhielt. Dieses Gericht kennt man heute im badisch-schwäbischen Raum als Gemüsemaultasche (*vgl. Kapitel Fastenzeit*).
In Hessen brachte man Gemüse aus neunerlei Grün auf den Tisch; in Sachsen einen Salat aus grünen Rüben, in Böhmen Spinatkrapfen, in der Heide ein Krautbrot. In Nordwestdeutschland kochte man den *Giersch,* eine grüne Suppe, im Schwarzwald wurden grüne Pfannkuchen mit Schnittlauch gebacken, im Elsass Brennnesselküchlein.

Den am Gründonnerstag gelegten Eiern schrieb man eine besondere Heilkraft zu. Sie wurden eingesammelt und Ostern zur Kirche gebracht, um dort geweiht zu werden. Sie werden auch Antlass-Eier genannt, was, vom mittelhochdeutschen Wort *antlâz* her, Ablass, Vergebung bedeutet und auf die Wiederaufnahme der von der Sünde losgesprochenen Büßer, der Greiner, Bezug nimmt.

Aumelette mit Spinat

Aumelette ist ein ganz dünner Eyerpfannkuchen. Man nimmt zu 4 Eyern einen Löffel voll Mehl, rühret ihn mit ein wenig Milch an, schlägt nach und nach die Eyer dazu und salzet den Teig so viel nöthig ist. Dann läßt man Schmalz in einer flachen Backpfanne heiß werden, gießt so viel hinein, daß der Eyerkuchen nicht zu dick wird; sticht mit einem Messer hin und wieder hinein, daß das Dünne, so noch oben ist, vollends hinunter läuft. Wann er nun unten schön gelb gebacken ist, wendet man Ihn um und läßt ihn auf der andern Seite auch ein wenig backen. Dann legt man ihn in eine Schüssel, richtet gekochten Spinat darauf an, bestreut diesen mit Semmelmehl, legt kleine Stücklein Butter darauf und hält eine glühende Schaufel dar-

über; oder man backe 2 Pfannkuchen, legt auf den einen den Spinat, deckt den andern darüber und giebt es auf den Tisch.
Gründliches Kochbuch, Augsburg 1792

Doch so eine Eierspeise schmeckt, nur mit etwas Gemüse bedeckt, dann vielleicht doch ein wenig fad. So wird von dem österreichischen General *Graf Raimund von Montecuccoli* (1609–1680) berichtet, dass er sich von seinem Koch ein Omelett hatte zubereiten lassen. Als der Teller mit dem dampfenden Gericht vor ihm stand, wollte er es mit ein wenig klein geschnittenem Schinken verfeinern. Just in dem Augenblick donnerte es; ein Gewitter war aufgezogen. Tief erschrocken nahm Montecuccoli seinen Teller, ging damit zum Fenster, warf das Omelett heraus und brummte: »So viel Lärm wegen so wenig Schinken.«

Gründonnerstagskringel und Fastenbrezeln

Neben Eiern, Kohl und Grünkräutern wurden oft auch sogenannte Zauberspeisen gegessen in der Hoffnung, dass sich dadurch die Lebenskräfte stärkten. Bereits bei Sonnenaufgang sollten Honig oder Honigbrötchen verzehrt werden, die auch Judasbrötchen oder – in Hamburg – Judasohren genannt werden. In Ostpreußen gehörten die »Gründonnerstagskringel« zu jedem Osterfest: geflochtene Ringe aus süßem Hefeteig.

Am Gründonnerstag wurden zum Morgenkaffee bei uns im Ermland gröfsere Gründonnerstagskringel gebacken (hierzulande würde man Brezeln dazu sagen). Da diese Kringel gröfser waren als sonst üblich, mufsten sie unter uns Kindern durch Auseinanderziehen geteilt werden. Zu solch einer Teilung gehörten immer zwei der Geschwister. Jeder fafste den Gründonnerstagskringel an einem Ende an, und dann wurde daran gezogen, so dafs er zerrifs. Wer dabei die gröfsere Hand hatte, konnte natürlich besser zupacken und erwischte die gröfsere Hälfte. Das gab dann immer Tränen bei uns Jüngsten, die wir ja dafür die kleineren Hände hatten. War bei diesem Spiel der Anteil der grofsen Geschwister gar zu grofs ausgefallen, mufste manchmal auch Vater oder Muttchen einschreiten, um eine einigermafsen gerechte Regelung zu treffen und die Tränen von uns Kleinen zu trocknen. Trotzdem wurde dieses Ziehen der Gründonnerstagskringel alle Jahre wiederholt und von allen mit Sehnsucht erwartet, denn einen so guten Hefeteig machte Muttchen im Laufe eines langen Jahres nicht zu oft.
Leo Lindenblatt

Als weitere Fastenspeise galten, vor allem in Süddeutschland, die salzigen Fastenbrezeln. Aber wie war es dazu gekommen, dass das ursprünglich süße Gebäck plötzlich zu einem salzigen wurde?
Einer bayrischen Legende nach hatte der Münchner Bäcker *Anton Nepomuk Pfannenbrenner* am 11.Februar 1839 die Brezeln vor dem Backen versehentlich anstatt mit Zuckerwasser mit Natronlauge bestrichen, die zum Reinigen der Bleche bereitstand. Da er seinen Irrtum nicht bemerkte, lieferte er sie, wie jeden Tag, an das Königliche Kaffeehaus Eilles in der Residenzstraße aus.
Und so kam es, dass der königlich-württembergische Gesandte *Wilhelm Eugen von Ursingen*, zum Frühstück zu seinem Tässchen Kaffee wider Erwarten in eine salzige Brezel biss. Offenbar hat sie ihm geschmeckt, denn es ist nichts darüber bekannt, dass er sie reklamiert hätte. Von da an begann der Siegeszug dieser zufällig entstandenen Delikatesse. Allerdings wurden diese »Laugenbrezeln«, wie sie inzwischen auch genannt werden, bis ins 18. Jahrhundert nur in den vierzig Tagen vor Ostern hergestellt. Dafür gab es zwei Gründe: Zum einen mussten die großen

Backöfen immer wieder neu erwärmt werden – und das kostete jede Menge Holz. Zum anderen wurden die Brezeln in Ermangelung passender Maschinen mit der Hand geformt, was einen hohen Arbeitsaufwand bedeutete. Von daher kamen Beamte der fürstlichen Verwaltung 1781 zu dem Schluss, »dass das Backen der gesottenen Brezeln einen außerordentlichen Aufwand erfordere und somit diejenige, welche die Brezeln Woche haben, gar wohl geschützt zu werden verdienten«. Um die Brezel, das Berufssymbol der Bäcker, und ihre Entstehung ranken sich eine Vielzahl von Legenden. Eine besagt, dass die Brezel eine Nachbildung der mönchischen Gebetshaltung ist, denn die Mönche kreuzten die Arme und legten ihre Hände dann auf ihre Schultern. Von daher erhielt das Gebäck den lateinischen Begriff *brac(c)hium*, was Unterarm, sowie *bracciatellum*, was Ärmchen bedeutet. So entwickelte sich die althochdeutsche Bezeichnung *brezita* oder *brezitella*, woraus sich der mittelhochdeutsche Begriff »Brezel« gebildet hat.

Einer anderen Interpretation nach wird die Brezel als ein altchristliches Gebäck verstanden, das sich aus dem römischen Ringbrot in der Weise weiterentwickelt hatte, als die Mönche ein Kreuz darin eingebacken haben. Zudem sah man in der Form der Brezel die Armfesseln, die Christus nach seiner Inhaftierung angelegt wurden.

Laugenbrezeln

Zutaten:
Für 10 Brezeln:
- 500g Weizenmehl Typ 550
- 2 TL Salz
- ½ Würfel frische Hefe
- 1 TL Zucker
- 300 ml lauwarme Milch
- 30 g Butter
- 1500 ml Wasser
- 3 EL Natron
- 1 EL grobkörniges Salz zum Bestreuen

Das Mehl in eine große Schüssel sieben. In der Mitte eine Mulde machen, die Hefe zerbröseln, den Zucker dazugeben und mit etwas Mehl vermischen. Anschließend mit ¼ l der lauwarmen Milch zu einem Brei verrühren und an einem warmen Platz, mit einem sauberen Küchentuch zugedeckt, etwa 20 Minuten gehen lassen. Danach den Rest der warmen Milch, das Salz und die zerlassene, aber nicht mehr heiße Butter dazugeben, alles vermischen und mit den Knethaken der Küchenmaschine oder des Handrührgeräts zuerst 10 Min. auf unterster Stufe und dann 3 Min. auf höchster Stufe zu einem glatten und geschmeidigen Teig verkneten. Den Teig zu einer Kugel formen und mit einem Küchentuch bedeckt bei Zimmertemperatur circa 1 Stunde gehen lassen, bis sich das Volumen in etwa verdoppelt hat. Den Teig dann noch einmal kurz durchkneten, zu einer Rolle formen und in 10 gleich große Stücke teilen. Die Teigstücke zu etwa ca. 35 cm langen Strängen formen und diese zu Brezeln schlingen. Die Brezeln noch 10 Minuten ruhen lassen. Inzwischen das Wasser aufkochen, das Natron hineingeben, 10 Min. köcheln lassen und die Brezeln nacheinander für ca. 30 sec. mit einem Pfannenwender hineingeben und damit unter Wasser halten. Anschließend auf einem Kuchengitter abtropfen lassen, dann auf ein mit Backpapier ausgelegtes oder mit Fett bestrichenes Blech legen, mit einem scharfen Messer an der dicksten Stelle längs einschneiden, mit Salz bestreuen und noch etwa 10 Minuten unbedeckt ruhen lassen. Das Blech dann in den vorgeheizten Backofen schieben und die Brezeln bei 200 Grad circa 20 – 25 Minuten backen.

Und dann gibt es da noch die altägyptische Legende, nach der ein Bäcker durch einen Frevel seine Gunst beim Pharao verwirkt und infolgedessen mit dem Tod bestraft werden sollte, es sei denn, er würde ein Gebäck herstellen, durch das dreifach die Sonne scheint. Und so hat er die Brezel erfunden und sein Leben gerettet. Diese Sage wurde von Bad Urach, dem Zentrum des schwäbischen Brezellandes, auf die eigene Ortschaft bezogen. Darüber gibt folgendes Gedicht Auskunft:

Der Uracher Brezelbäck
Es war einmal ein Brezelbäck,
dem sprach der Graf das Leben weg,
doch weil er guten Leumunds war,
bot ihm der Graf ein' Rettung dar:
Back einen Kuchen, lieber Freund,
durch das die Sonne dreimal scheint,
dann wirst du diesmal nicht gehängt,
das Leben sei dir frei geschenkt!

Der schlaue Bäck bedachte sehr,
drei Tage braucht' er und nicht mehr,
dann brachte er mit sich'rem Schritt
dem Grafen eine Brezel mit.
Er hielt sie ihm vors Auge hin,
die Sonne dreimal dadurch schien.
Der Graf, er lächelte darauf
und aß die ganze Brezel auf.
Drum kauf dir Brezeln, liebes Kind,
weil die so sehr historisch sind!
Helmut Burkert, Uracher Heimatbüchlein

Karfreitag

O Haupt voll Blut und Wunden,
voll Schmerz und voller Hohn,
o Haupt, zum Spott gebunden
mit einer Dornenkron;
o Haupt, sonst schön gekrönet
mit höchster Ehr' und Zier,
jetzt aber frech verhöhnet:
Gegrüßet sei'st du mir!
Paul Gerhardt 1656

Karfreitag, der Freitag vor Ostern, ist der Gedenktag der grausamen Hinrichtung Jesu. In der Liedstrophe von *Paul Gerhardt* klingen Schmerz und Leid Jesu an, dessen Kreuzigung und Tod am Karfreitag in Gottesdiensten gedacht wird. Die Bezeichnung »Karfreitag« geht auf den mittelhochdeutschen Begriff *kar,* althochdeutsch *chara zurück,* was so viel wie Wehklage, Trauer bedeutet.
In den ersten Jahrhunderten fanden am Karfreitag noch keine Gottesdienste statt. Erst durch die legendäre Auffindung des Kreuzes Jesu in Jerusalem durch Helena, die Mutter Kaiser Konstantins, gewann die Kreuzesverehrung mehr und mehr an Boden. Die Ausgestaltung des Kirchenraumes ist an diesem Tag sehr schlicht, denn auf Kerzen und Blumenschmuck wird verzichtet.
In der protestantischen Frömmigkeit entwickelte sich der Karfreitag zum höchsten Feiertag, an dem neben dem Abendmahlsgottesdienst am Vormittag auch am Nachmittag um 15 Uhr zur Todesstunde Jesu und zudem häufig auch um 18 Uhr zu seiner Grablegung Andachten gehalten wurden.
Bis ins 20. Jahrhundert hinein galt bei Katholiken nur der Vormittag als Feiertag, am Nachmittag wurde auf dem Hof und im Haushalt gearbeitet: Hier reinigte man die Wohnungen, da ein Haus, dem Volksglauben nach, sauber sein müsse, um den Ostersegen empfangen zu können. In den Küchen wurden bereits die Osterkuchen gebacken.

Karfreitag in Westfalen-Lippe
Während dieser Tag für die Protestanten als höchster Feiertag galt, an dem sie natürlich nicht arbeiteten, war er für die Katholiken ein halber Arbeitstag. Zwar verzichteten sie auf lärmende Arbeiten wie Hämmern. Güllefahren und Gartenarbeit waren für Katholiken am Karfreitag aber durchaus erlaubt. Das führte häufig zu Reibereien zwischen den Gläubigen beider Konfessionen.

Heute ist in der katholischen Kirche die Karfreitagsliturgie wieder in die Dreitagefeier von Leiden, Tod und Auferstehung des Herrn (*Triduum Sacrum*) eingebunden. Diese Feier beginnt am Gründonnerstag mit der Messe vom Letzten Abendmahl und erreicht ihren Höhepunkt in der Auferstehungsfeier der Osternacht. Mancherorts, wie zum Beispiel in Lohr am Rhein und anderen deutschsprachigen Orten, aber auch in Süditalien und Sizilien finden Karfreitagsprozessionen statt. In Spanien und in der Folge auch in den spanisch geprägten Ländern Lateinamerikas sind der Karfreitag und die ganze Karwoche (*Semana Santa*) von besonderen Umzügen geprägt; am auffälligsten ist die Teilnahme der »Büßer«, die mit verdecktem Gesicht in Spitzhauben daran teilnehmen.
In der katholischen und in den orthodoxen Kirchen ist der Karfreitag strenger Fastentag.

Ostern

Voller Erwartung

Wenn die Narzissen
weiß und gelb erblühen
und Hyazinthendüfte
durch die Gärten ziehen,
wenn Tulpen voller Stolz
die Stile recken
und ihre bunten Köpfe
nach dem Himmel strecken,
wenn Bäume,
voll im weißen Blütentraum,
sehnsüchtig
nach den Bienen schau'n,
und Sonnenlicht
die Erde küsst,
dann wisst ihr, dass bald
Ostern ist.

Christa Spilling-Nöker

An Ostern feiert die Christenheit die Auferstehung Jesu Christi vom Tod, wie sie im Neuen Testament bezeugt ist. Dies geschah nach dem Glauben der Urchristenheit am dritten Tag nach seiner Kreuzigung, wobei der Karfreitag als Todestag mitgerechnet wurde. Ostern ist ursprünglich das bedeutendste christliche Fest und wird von allen christlichen Kirchen als solches begangen.
In den orthodoxen wie der katholischen Kirche gehören Osternachtgottesdienste zu den feierlichsten und glanzvollsten des Jahres, an deren Liturgie und Brauchtum sich inzwischen auch protestantische Gemeinden angelehnt haben. Wesentliches Symbol ist die Osterkerze, die mit den Worten: »Lumen Christi« (Licht Christi) in die dunkle Kirche hineingetragen wird. In den Osternachtgottesdiensten finden traditionell Taufen statt. Das Fest der Auferstehung Jesu Christi knüpft sowohl zeitlich als auch inhaltlich an das jüdische *Pascha- oder Pessachfest* an. Pessach wird jedes Jahr im jüdischen Frühlingsmonat Nisan gefeiert. Es beginnt am 14. Nisan des jüdischen Kalenders, am Vorabend von Pessach, mit dem häuslichen Sedermahl und dauert sieben Tage.
In der Alten Kirche wurde auf dem Konzil von Nikaia im Jahr 325 der Ostertermin auf den ersten Sonntag nach dem Frühlingsvollmond festgelegt. Demzufolge kann der früheste Ostertermin der 22. März, der späteste der 25. April sein.
Seit der Kalenderreform des 16. Jahrhunderts (Gregorianischer Kalender) fallen die Ostertermine der West- und der Ostkirche auseinander, da die orthodoxen Kirchen für die Berechnung von Ostern am alten Julianischen Kalender festgehalten haben.

Pessach wird jedes Jahr zur Erinnerung an den Auszug aus Ägypten gefeiert und war in früheren Zeiten ein Opferfest. Gott hatte laut der Überlieferung der Hebräischen Bibel die Israeliten beauftragt, am Abend vor der Flucht aus der Gefangenschaft männliche einjährige Lämmer von Schafen oder Ziegen zu schlachten und mit deren Blut die Türpfosten der Häuser zu bestreichen, in denen sie das gebratene Lamm zusammen mit ungesäuerten Brotfladen und Bitterkräutern verzehren sollten. In der Nacht hielt Gott Gericht an Ägypten, der Tod ereilte alle Erstgeborenen der Ägypter. An den mit dem Blut des Lammes gekennzeichneten Häusern ging der Todesengel vorüber (pessach – überschreiten im Sinne von vorübergehen, verschonen), sodass den Hebräern der Weg in die Freiheit ermöglicht wurde. Jesus feierte am Gründonnerstag mit seinen Jüngern zusammen das Paschafest (so die ersten drei Evangelien) und bezog während der Mahlzeit das Brot und den Kelch mit Wein auf seinen Leib und sein Blut. Seither feiern Christen mit diesen beiden Elementen im Heiligen Abendmahl die Vergegenwärtigung Jesu Christi. Hatte schon Johannes der Täufer auf »das Lamm Gottes, das die Sünde der Welt hinwegnimmt« (Johannesevangelium) verwiesen, so wird der Bezug zum Paschalamm deutlich im Bekenntnis der Urchristenheit: »Als unser Osterlamm ist Christus geopfert worden« (Paulus). Auch der Messgesang des Agnus Dei *(Agnus Dei, qui tollis peccata mundi, miserere nobis:* »Lamm Gottes, das du trägst die Sünden der Welt, erbarme dich unser«) feiert Jesus Christus als das Lamm Gottes, das durch seinen Tod am Kreuz die Schuld der Menschheit getilgt hat.

In den meisten Sprachen erinnert bereits die Bezeichnung des Osterfestes an seine Wurzeln im biblischen Paschafest: So heißt Ostern zum Beispiel auf Italienisch *pasqua*, auf Französisch *pâques*, auf Spanisch *pascua*, auf Portugiesich *páscoa*, auf Niederländisch *pasen* und im Russischen *pascha*. Woher die die deutsche Bezeichnung Ostern, verwandt mit dem englischen *easter* stammt, ist etymologisch nicht eindeutig festzustellen. Die früher genannte Verbindung zu einer angeblichen germanischen Frühlingsgöttin Ostara wird inzwischen verworfen.
Als wahrscheinlichste Erklärungen gelten, dass sich der Begriff Ostern von Osten, der Himmelsrichtung, in der die Sonne aufgeht,

ableitet und mit dem griechischen Wort *eos* beziehungsweise dem lateinischen Begriff *aurora,* der Morgenröte, verwandt ist oder auf das angelsächsische *eastron* zurückzuführen ist, das ebenfalls die Morgenröte bezeichnet. Daraus ergibt sich ein schlüssiger Sinnzusammenhang zu den biblischen Zeugnissen, nach denen Jesus Christus in den frühen Morgenstunden des dritten Tages nach der Kreuzigung auferstanden ist. Das findet in der Ostervigil und der Ostermette, der gottesdienstlichen Feier in den Morgenstunden des Ostersonntags, seinen liturgischen Ausdruck. Der Sprachwissenschaftler *Professor Dr. Jürgen Udolph* (geb. 1943) verweist für die Bedeutung des Begriffs Ostern hingegen auf das altnordische *austr,* das so viel wie schöpfen oder begießen heißt; von daher könnte der Terminus Ostern also auch von der Taufe der Taufbewerber (Katechumenen) in der Osternacht hergeleitet sein.

Das Oster-Ei

Und was hat das Oster-Ei mit Ostern zu tun? Am Ostermorgen war es in katholischen Gemeinden von alters her Sitte, Speisen, auf die man in der Fastenzeit hatte verzichten müssen, in einem Korb zur Kirche zu tragen, um sie dort weihen zu lassen. Dazu gehörten eben Eier, daneben Salz, Speck, Schinken, Osterfladen und das gebackene Lamm mit der Siegesfahne. Dieser Brauch wird auch heutzutage noch vereinzelt in katholischen Gemeinden praktiziert.

Dem Ei kommen unterschiedliche Bedeutungen zu. Schon bei heidnischen Frühlingsfesten war es Symbol für die wiedererwachende Pflanzen- und Tierwelt. Im Christentum versinnbildlichte es die Auferstehung: So wie ein Küken die Schale zerbricht, um ans Leben zu kommen, hat Christus die Grabeshöhle aufgesprengt. Seit dem 13. Jahrhundert wurden die Eier traditionell rot eingefärbt; rot ist die Farbe des Blutes Christi, des Lebens, des Feuers und der Liebe und steht daher auch für die brennende Liebeskraft des Heiligen Geistes.

Zudem sammelten sich dort, wo die Fastenzeit streng eingehalten worden war, in den letzten Wochen und Tagen vor Ostern zahlreiche Eier an, die gekocht oder in kühler Erde, in Sägespänen oder als Soleier in Salzlake konserviert worden waren. Von daher erklären sich auch die unterschiedlichsten Eiergerichte auf der österlichen Speisekarte, denen viele schon sehnsüchtig entgegensahen, wie es in einem Nürnberger Fastnachtsspiel von Hans Rosenplüt Mitte des 15. Jahrhunderts heißt: »Die Fassnacht hat uns procht zu großem schaden, Das wil uns dy Ostern wider kern mit air und fladen.« Von geweihten Osterfladen, Eiern und einer gelben Ostersuppe spricht das burleske Gedicht von Hans Sachs aus dem Jahr 1558 in hochdeutscher Übersetzung:

Ein Edelmann aus Baiernland,
Von gutem Stamm, doch ungenannt,
Hatt' einen Mönch zu seinen Fladen
Osterkuchen am heil'gen Ostertag
geladen ...
Der Mönch macht' voll die Siebenzahl
Und saſs beim Ritter bei dem Mahl
Und auch das Benedicte sprach.
Da setzt' man auf den Tisch darnach
Den geweihten Fladen mit den Eiern,
Wie das ist Brauch im Lande Baiern.
Von dem Geweihten aſs jedermann.
Dann bracht man einen Kalbskopf an ...
Als man das von dem Tisch wegnahm,
Die gelbe Ostersuppe kam.

Hans Sachs

Vereinzelt hat sich aber auch ein Brauchtum entwickelt, das auf eine besondere Zubereitung der Eier vor ihrem Verzehr verzichtet hat. So heißt es in einem Bericht aus dem Oldenburger Land: »Das Eieressen kennt und übt man im ganzen Lande. Das Gesinde bekommt so viel Eier, als es mag, und leistet darin dann auch Erschreckliches. 20 Hühnereier und 1 Gänseei oder 1 Ei mit der Schale zum Schluß, so geht die Rede, muß

ein tüchtiger Großknecht verzehren. Das feierliche Eieressen geschieht am Abend des 1. Ostertages, aber das ganze Fest hindurch werden Eier erbeten, verschenkt und verzehrt. Für Kinder werden die Eier mit Zwiebeln, Farbhölzern und Kräutern gefärbt, auch wohl im Garten unter Büsche und Blumen versteckt, wohin sie dann nach dem Kinderglauben der Hase gelegt hat. — Ein Spiel um Eier ist das Bicken. Einer tupft mit der Spitze seines Eis auf das Ei eines anderen, bis eins zerbricht, das dann dem Besitzer des unverletzt gebliebenen zufällt. Vorzüglich, heißt es aus dem Saterland, war dieses Bicken beim Abbrennen des Osterfeuers unter Leuten verschiedenen Geschlechts üblich und diente häufig dazu, alte Bekanntschaften zu erneuern, neue anzuknüpfen. Auch wirft man mit Eiern auf Wiesen, und wer sein Ei am weitesten wirft, bekommt die Eier der übrigen.«

Seit dem 18. Jahrhundert hat sich die familiäre Ostereiersuche in bürgerlichen Kreisen etabliert. Von dem jungen Goethe wird berichtet, dass er 1777, im Alter von 27 Jahren, im häuslichen Garten in Weimar Eier versteckte – und das am Gründonnerstag. Da er selbst noch keine Familie gegründet hatte, lud er Kinder von Freunden und Bekannten zur Eiersuche ein. Ob Goethe diese Tradition erfunden hat, ist ungewiss, aber das Eier-Suchen findet in diesem Zusammenhang das erste Mal Erwähnung. Bis heute hat sich die schöne Sitte gehalten, dass an jedem Gründonnerstag eine Gruppe Kinder aus einer Weimarer Kindertagesstätte im Goethepark an der Ilm »Haseneier« suchen darf.

Das Osterei
Hei, juchei! Kommt herbei!
Suchen wir das Osterei!
Immerfort, hier und dort
und an jedem Ort!
Ist es noch so gut versteckt.
Endlich wird es doch entdeckt.
Hier ein Ei! Dort ein Ei!
Bald sinds zwei und drei.
August Heinrich Hoffmann von Fallersleben

Das Oster-Lamm

Neben den Eierspeisen hat sich zu Ostern – aufgrund der oben dargestellten biblischen Bezüge – vor allem der Verzehr von Lammgerichten eingebürgert. Wer sich kein Fleisch leisten konnte, hatte wenigstens die Möglichkeit, sich ein Osterlamm zu backen. Entsprechende mit Puderzucker bestäubte oder mit Zuckerguss überzogene Gebildbrote, die meistens ein rot-weißes Fähnchen tragen, gibt es auch heute noch in unseren Bäckereien und Konditoreien zur Osterzeit zu kaufen.
Neben dem Osterlamm wurden auch süße Osterfladen – gelegentlich mit einem Ei in der Mitte – gebacken, die an das Brot erinnern sollen, das Jesus mit seinen Jüngern beim Abendmahl brach und teilte. Über diesen Zusammenhang zwischen dem Lamm und dem sogenannten Himmelsbrot hat Martin Luther 1524 das Lied »Christ lag in Todesbanden« gedichtet und vertont.

Hie ist das rechte Osterlam / Davon Gott hat gebotten / Das ist an des creutzes stam / In heisser lieb gebraten: Deſs blut zeichnet unser thür / Das helt der glaub dem todte für / Der würger kann uns nit rühren / Halleluja.
Wir essen und leben wol / In rechten osterfladen / Der alte sawerteig nicht sol / Seyn bey dem Wort der gnaden / Christus will die koste sein / Und speisen die seel allein / Der glaub wil keins andern leben / Halleluja.
Martin Luther

Ein Osterfladen zu pachen

Nembt 3 air macht ein poden wie sonnst. Nembt darnach 12 air vnd klopft sy wol thut ein geribenß Semel mel darein wie zue einem belsterlein das er nit zu starckh sey vnd ein ½ h weinperla vnndt Meye schmaltz schyde es auf den podenn der gewelgerdt ist pachest resch herab so ist er recht.

Nimm 3 Eier und mache einen Boden wie immer. Nimm dann 12 Eier und rühre sie sorgfältig. Gib geriebenes Semmelmehl dazu, wie bei Krapfen, damit der Teig nicht zu dick wird. Füge ½ Pfund Weinbeeren und frische Maibutter hinzu (die galt als besonders schmackhaft), gib es (die Masse) auf den Boden, der dünn ausgerollt ist und backe es (den Kuchen), bis er knusprig ist, dann ist er fertig.
Osterfladen-Rezept aus dem 16. Jh.

Christas süßes Osterlamm

Zutaten:
für eine Form von etwa 700 bis 800 ml Inhalt:
- 125 g weiche Butter
- 110 g Zucker
- 1 Bio-Zitrone
- 1 Vanilleschote
- 1 Prise Salz
- 1 EL Eierlikör
- 3 kleine Eier
- 50 g Weizenmehl
- 50 g Stärkemehl
- 50 g gemahlene Mandeln
- Puderzucker zum Bestäuben

Den Backofen auf 180 Grad C vorheizen. Die Lämmchenform mit flüssiger Butter ausfetten und mit etwas Mehl ausstreuen (überschüssiges Mehl abklopfen). Die restliche Butter mit dem Schneebesen des Handrührgeräts schaumig rühren. Die Schale von der Zitrone abreiben, die Vanilleschote mit einem spitzen Messer aufschneiden und das Mark herauskratzen. Den Zucker mit dem Vanillemark, dem Zitronenabrieb und dem Salz dazugeben und so lange rühren, bis sich der Zucker gelöst hat. Danach die Eier einzeln nach und nach unterrühren und den Eierlikör dazugeben. Das gesiebte Mehl, das Stärkemehl und die gemahlenen Mandeln nach und nach unterrühren. Den Teig vorsichtig in die Lammform geben, etwas aufklopfen, damit die Form auch gefüllt wird, und ca. 40 Minuten backen. Das Lämmchen in der Form abkühlen lassen, dann aus der Form nehmen und völlig erkalten lassen. Zum Schluss mit gesiebtem Puderzucker bestreuen. Möchte man das Osterlamm auf einer »grünen Wiese« präsentieren, kann man ca. 100 g Kokosflocken mit grüner Lebensmittelfarbe einfärben und das Lämmchen darauf servieren.

Der Osterhase

Was hat es nun aber mit dem Osterhasen auf sich? Heutzutage ist der Hase ein »Symboltier« für Ostern geworden.
In Psalm 104 der Bibel heißt es: »Die hohen Berge gehören dem Steinbock, dem Klippdachs bieten die Felsen Zuflucht.« Hier hatte der Kirchenvater *Hieronymus* (347–420), der die Bibel ins Lateinische übersetzt hatte, das hebräische Wort *schafan* (»Klippschiefer«, ein dem Hasen ähnlichem Tier) mit *lepusculus* (»Häschen«) übersetzt. Da die Christen Jesus als ihren Fels und Zufluchtsort verstanden, wurden sie schon bald als Hasen bezeichnet. Diese Interpretation begründet möglicherweise die Hasensymbolik in der christlichen Ikonografie.
Eine andere christliche Interpretation des Hasen bietet das »Drei-Hasen-Bild«: Drei Hasen laufen im Kreis, dabei bilden ihre sechs Löffel, von denen nur drei dargestellt sind, ein Dreieck, das als Sinnbild für die göttliche Dreieinigkeit verstanden wurde. Dieses Motiv fand sich auf zahlreichen Ostereiern und in Kinderbuchillustrationen. Die bekannteste Abbildung kann man im Kreuzgang des Paderborner Doms betrachten.

Aber der Hase hat im Christentum auch schon andere Zeiten durchlebt. Gerade seine in heidnischen Zeiten hoch geschätzte Fortpflanzungslust handelte ihm im frühen Mittelalter bei den Christen einen schlechten Ruf ein. Um die Menschen davor zu schützen, der Triebhaftigkeit des Tieres zu verfallen, verbot Papst Zacharias im Jahr 751 jeglichen Verzehr von Hasenfleisch.
Wie aber wurde der Hase zum Osterhasen? Dazu gibt es verschiedene Herleitungen, aber keine eindeutige Erklärung. Ein Erklärungsversuch erzählt, dass ein Gebildbrot, welches ein Osterlamm darstellen sollte, sich im Backofen derart verformt habe, dass es als Hase gedeutet wurde. Eine andere Spur weist ins 17. Jahrhundert: Als Eierbringer ist der Osterhase immerhin bereits seit dieser Zeit im Elsass belegt. Der Zusammenhang von Hase und Eiern geht vielleicht schon aus einigen Versen in dem Jugendwerk »Aller Praktik Grossmutter« (1572) des Dichters *Johann Fischart von Straßburg* hervor: »Sorg nicht, dass dir der Has vom Spieß entlauf, haben wir nicht die Eier, so braten wir das Nest«. Ab Mitte des 18. Jahrhunderts sind Ostereier belegt, die mit Hasenbildern bemalt waren und vermutlich zu der Bezeichnung »Haseneier« geführt haben.
Gegen den katholischen Brauch gefärbter und feierlich »geweihter« Eier an Ostern polemisierten in der Neuzeit nicht nur Ärzte aus medizinischer Sorge vor übermäßigem Eierkonsum, sondern es gab auch protestantische Kritik: Ihr erschien der österliche Eierbrauch als abergläubischer »Auswuchs« und als Versuch, durch deren Verzehr die Gnade Gottes zu erwirken. Manche mutmaßen deshalb, dass es sich bei dem »Osterhasen« um eine protestantische Erfindung handelt, um das Ostereier-Brauchtum aus der Sphäre des Religiösen in den Bereich eines säkularen Kinderbrauchtums zu überführen. Vielleicht unterstützte dabei die Beobachtung, dass Hasen in einer Mulde, der Sasse, den Tag über verschlafen und erst unvermittelt davonhoppeln, wenn Gefahr droht, denn das half dabei, Kindern nahezulegen, dass dieses stille Verharren auf einer Stelle der Ablage von Eiern diente.
Allerdings setzte sich erst seit Beginn des 19. Jahrhunderts der Osterhase als Eierbringer allgemein durch. Vor dem Hasen galten in unterschiedlichen Regionen Hahn, Storch, Fuchs und Kuckuck als Eierbringer. Vermutlich hat sich der Hase ihnen gegenüber gerade aufgrund seiner früher so verpönten Fruchtbarkeit behauptet, die am ehesten der Frühlingssymbolik entspricht. Diese Fruchtbarkeit ließ ihn zudem zum Sinnbild des Lebens werden, das den (Winter-)Tod überdauert.

Ostergedicht

Wenn die Schokolade keimt,
wenn nach langem Druck
bei Dichterlingen
»Glockenklingen« sich
auf »Lenzesschwingen«
endlich reimt,
und der Osterhase hinten
auch schon presst,
dann kommt bald das Osterfest.

Aber morgens auf dem Frühstückstische
fünf, sechs, sieben flaumweich
gelbe frische
Eier. Und dann ganz hineingekniet!
Ha! Da spürt man, wie die Frühlingwärme
durch geheime Gänge und Gedärme
in die Zukunft zieht,
und wie dankbar wir für solchen Segen
sein müssen.
Ach, ich könnte alle Hennen küssen,
die so langgezogene Kugeln legen.

Joachim Ringelnatz (1883–1934)

Christi Himmelfahrt

Gott wohnt ja nicht in fernen Zelten,
weit hinterm Horizont in fremden Welten.
Da, wo wir lieben und verzeih'n,
wird er in uns lebendig sein.

Christa Spilling-Nöker

Nach dem Lukasevangelium bildet die Himmelfahrt Christi das Ende der Erscheinungen des Auferstandenen und beschließt somit die Osterereignisse. Dabei ist der Begriff »Himmelfahrt« symbolisch zu verstehen: Jesus Christus kehrt zurück zum Vater. Wo aber der Himmel ist, wo Gott und Jesus Christus sind, lässt sich nicht örtlich bestimmen. Der Mystiker *Angelus Silesius* (1624–1677) hat einmal formuliert:

Halt an, wo läufst du hin,
der Himmel ist in dir;
Suchst du Gott anderswo
du fehlst ihn für und für.

Das Motiv des Aufstiegs zum Himmel ist schon von der Hebräischen Bibel her, zum Beispiel vom Aufstieg des Propheten Elija zum Himmel (2. Buch der Könige), bekannt. In seiner Apostelgeschichte stellt Lukas die Himmelfahrt Christi als ein eigenes, von Ostern zeitlich getrenntes Ereignis dar. Aus dieser Erzählung ergibt sich auch die Datierung von Himmelfahrt als dem 40. Tag nach Ostern: »Ihnen hat er nach seinem Leiden durch viele Beweise gezeigt, dass er lebt; vierzig Tage hindurch ist er ihnen erschienen und hat vom Reich Gottes gesprochen« (Apostelgeschichte des Lukas). Das Himmelfahrtsfest wird das erste Mal im Jahr 325 bei Eusebius von Cäsarea erwähnt. Später hat man die Himmelfahrt Christi in Gottesdiensten dadurch zu veranschaulichen versucht, dass man eine Christusfigur an Seilen im Kirchenraum nach oben bis durch eine Luke im Gewölbe des Kirchenschiffs gezogen hat; danach wurde eine brennende Teufelsfigur heruntergelassen, die von der Gemeinde geschlagen wurde. Damit wurde der Sieg über die Herrschaft des Bösen ausgedrückt. Anschließend wurden Blumensträußchen oder sogar Oblaten als Himmelsbrot hinuntergeworfen. In Tirol erinnern seit der Mitte des 16. Jahrhunderts Prozessionen mit Figuren und Bildern von Heiligen an dieses Fest. Vereinzelt bürgerten sich für diesen Tag Geflügelgerichte ein.

Bald darauff folgt das fest der Auffart Christi / (daran yedermann voll ist / vnnd eyn gef[l]ügel essen mufs / weifs nit warumb/) da zeucht man das erstanden bild / so dise zeit auff dem altar gestanden ist / vor allem volck zu dem gewelb hinein / vnnd würfft den teüfel eyn scheützlich bild anstatt herab / in den schlagen die vmbstenden knaben mit langen gerten bifs sy in vmbringen. Daruff wirfft man oblat[en] vom hymel herab/zu bedeüten das hymel brot.

Sebastian Franck, »Weltbuch« von 1534

Es hatte sich wohl schon in vorchristlicher Zeit die Tradition entwickelt, im Frühjahr sogenannte Flurumgänge, also Prozessionen durch die Felder, zu machen, die man auch als Bittgänge bezeichnete. Gebeten wurde um ein fruchtbares Gedeihen des Getreides und um Bewahrung vor Unwettern, damit die Ernte nicht vor der Zeit zerstört würde. Mit dieser alten Tradition verband sich im Laufe der Zeit das Gedenken an den Weg Jesu, als er mit seinen Freunden zu dem Berg hinaufstieg, von dem er zum Himmel auffuhr. Bei diesen Gängen muss es schon im Mittelalter hoch her gegangen sein. Im 19. Jahrhundert entwickelte sich daraus der Herrentag, an dem eine Gruppe von Männern mit Proviant und alkoholischen Getränken auszog und sich einen vergnügten Tag machte. Mit der Einführung des Muttertags zu Beginn des 20 Jahrhunderts (im deutschsprachigen Raum am zweiten Sonntag im Mai) wurde dieser Herrentag dann – als Pendant dazu – offiziell zum *Vatertag* erklärt.

Pfingsten

Einen Hauch von Wagemut,
einen Hauch von Tapferkeit,
einen Hauch von Lebenslust,
einen Hauch von Fröhlichkeit,
einen Hauch von Fantasie,
einen Hauch von Findigkeit,
einen Hauch von Leidenschaft,
einen Hauch von Seligkeit
möge dir die segnende Kraft,
des heilig-heilenden Geistes,
Atem, der lebendig macht,
mitten ins Herz wehen.

Christa Spilling-Nöker

Wie wunderbar ist es, wenn Menschen untereinander zu einer Verständigung kommen, die sie aufeinander hören und sensibel sein lässt für das, was in dem anderen wirklich vorgeht. Auf diese Weise können Menschen einander begegnen – und das über alle Grenzen hinweg.
Von solch einem Wunder erzählt die Pfingstgeschichte in der Apostelgeschichte des Lukas: Es waren Menschen unterschiedlicher Volksstämme beieinander, die plötzlich vom Himmel her ein stürmisches Brausen wahrnahmen und unvermittelt vom Heiligen Geist ergriffen wurden. Durch dessen Kraft wurden sie befähigt, in fremden Sprachen zu sprechen, sodass sie alle einander verstehen, sich untereinander verständigen und Gott gemeinsam loben konnten. Pfingsten ist also das Fest der Ausgießung des Heiligen Geistes und zugleich das Gründungsfest der christlichen Kirche.
Das Wort Pfingsten kommt vom altgriechischen Begriff *pentekoste,* was so viel wie »der Fünfzigste« bedeutet: Fünfzig Tage nach Ostern wird Pfingsten gefeiert. Die Datierung des Pfingstfestes hängt vom Datum des Osterfestes ab: Es kann frühestens auf den 10. Mai und spätestens auf den 13. Juni fallen.

Die Heilig-Geist-Taube

So wie in manchen Gegenden am Himmelfahrtstag eine Christusfigur durch die Decke des Kirchengewölbes heraufgezogen wurde, so wurde zu Pfingsten aus derselben Luke eine manchmal echte, aber meistens aus Holz gefertigte Taube herabgelassen – als Symbol des Heiligen Geistes. Dabei wurden von der Gemeinde Heilig-Geist-Lieder gesungen und Weihrauch entzündet, bis man die Taube wieder nach oben entschweben ließ. Gelegentlich fielen dann auch Blumen und gedörrtes Obst nach unten, was zu Gerangel und Streit unter den Kindern und infolgedessen im 19. Jahrhundert zu einem kirchlichen Verbot dieses Brauchs führte.
In Bayern werden bis heute aus Hefeteig zu Tauben geformte »Allgäuer Brotvögel« gebacken; ebenso kennt man dort die in Schmalz gebackenen »Heiligengeistkrapfen«. Es standen früher zu Pfingsten aber auch gebratene Täubchen auf dem Speiseplan.

In die Vesper strömt groß und klein: man sieht ja heut die Heiliggeisttaube herniederschweben. Etwas nach zwei ist zusammengeläutet. Alle Augen blicken nach der Rosette, welche das Gewölbe durchbricht; ihr Hauptzweck ist, die Kirche zu lüften, der bayrische Bauer nennt sie aber das »Heiliggeistloch«. Schon tritt der Pfarrer, angetan mit dem hochfesttäglichen Rauchmantel und umgeben von seinen vier Ministranten, unter die Rosette und betet in dem feierlich angestimmten lateinischen Hymnus »Veni Sancte Spiritus: Komm, Heiliger Geist!« Der Orgelspieler entnimmt seinen Tasten die akkordreichsten Klänge, das katholische Kirchenlied vom Heiligen Geiste schallt himmelwärts und der Dorfwagner als angestammter Maschinenmeister bringt vom Dachstuhl heraus die Pfingsttaube ins Schweben. Nun tritt sie in den Bereich der Augen. »Da Heili Geist!«, flüstert die halbe Kirche in brennender Begierde. Es ist die anmutig geschnitzte und bemalte Taube, die, als Symbol des Heiligen Geistes, zu Häupten des Predigers sonst den Schalldeckel der Kanzel ziert. Unter der goldglänzenden Strahlenscheibe die Fittiche ausgespannt, schwebt an der festlich roten Ampelschnur die Pfingsttaube zur Erde, durch den Druck der Hand je tiefer herabkommend, desto weitere Kreise geheimnisvoll ziehend. Nun werden, in Gestalt seiner Erscheinungstaube, dem Tröstergott aus den seligen Höhen des Himmels mit dem Weihrauch die göttlichen Ehren erwiesen und nachdem das Gebet des Lobpreises, der Bitte und des Dankes an ihn gerichtet

worden, schwebt die Pfingsttaube in immer kleineren Schwingungen wieder hinauf, bis sie in die Rosette hinein den Blicken entschwindet. Und während das erwachsene Pfarrvolk schaute, was tat das ameisenrege Völklein der Kinderwelt? Da sieh, Schmiedmeisters Knabe steht zuhöchst auf der Brustlehne des väterlichen Kirchenstuhls und gebärdet sich, als wolle er stracks der Pfingsttaube nach. Und nun gar Pommerbauers rot- und breitbackiges Linchen, die schiebt sich mit der einen Hand ein riesiges Stück Lebzelten in den Mund, mit der anderen dagegen rudert und fliegt sie freudestrahlenden Augs der Heiliggeisttaube nach, selbst während der Vesper noch. In jedem Jahr dieselbe Zeremonie; und jedes Jahr übt sie ihre geheimnisvolle Zugkraft auf Kind und Erwachsene aus. Das Christentum ist eben Schauspiel und Gnade zugleich.
Josef Schlicht (1831–1917)

Wochenfest: Seine Wurzeln hat Pfingsten im jüdischen Wochenfest Schawuot so wie das christliche Ostern in Pessach. Das hat seine ältesten Ursprünge in einem Frühlingsfest der Gerstenernte. In biblischen Zeiten wurde sieben Wochen nach der Darbringung der Gerste die erste Weizenernte auf einer Pilgerfahrt nach Jerusalem gebracht. So wie Pessach mit dem Auszug des Volkes Israel aus Ägypten verbunden wurde, so wird am Wochenfest die Erwählung Israels und die Offenbarung der Tora des Mose am Berg Sinai gefeiert. In den Gottesdiensten der jüdischen Gemeinden werden die »Zehn Gebote« vorgelesen.
Synagogen und Häuser werden mit Blumen und frischem Grün geschmückt; ähnlich ist es in christlichen Regionen üblich, nicht nur am ersten Mai, sondern auch zu Pfingsten junge Bäume vor den Häusern aufzustellen.

Heiligengeistkrapfen

Zutaten für 20 Stück:
250 g Weizenmehl
Prise Salz
Prise Zimt
½ TL gemahlener Anis
5 Eidotter
1 EL saure Sahne
2 EL Rum
Butterschmalz oder Öl zum Ausbacken
Staubzucker und Zimt zum Bestreuen

Das Mehl in eine Schüssel sieben, mit Salz und Anis vermengen, die saure Sahne und die Eidotter dazu geben, alles miteinander verrühren und dann zu einem festen Teig verkneten. Den Teig zu einer Rolle von ca. 8 cm Durchmesser formen, in Klarsichtfolie wickeln und für 1 Stunde an einem warmen Ort ruhen lassen. Anschließend von der Teigrolle hauchdünne Scheiben abschneiden und ins 160 Grad C heiße Butterschmalz geben. Mit einem in der Mitte des Teigstückchens angesetzten Holzstücks eine Drehung im Uhrzeigersinn machen und so lange halten, bis der Krapfen seine Form behält; dann das Teigstück wenden, fertig backen, abtropfen lassen und nach dem Abkühlen mit Zimtzucker bestreuen. Durch das Drehen des Teigstücks im Fett ähneln die Krapfen der Heilig-Geist-Taube. Von daher werden sie besonders gern zu Pfingsten gebacken.

Gefüllte Täubchen

Zutaten:
6 Tauben
150 g Speck
1 Eßl. Salz
Prise Pfeffer
Zum Füllen:
3 Brötchen
3 Eier
1/2 Eßl. Salz
1 Eßl. in 20 g Butter gedämpfte Zwiebel und Petersilie
Prise Pfeffer
Zum Braten:
1/4 Pfd. Fett
1 Zwiebel
1/8 l Fleischbrühe

Junge Täubchen werden sofort nach dem Töten gerupft, ausgenommen und 1–2 Tage abgehängt. Bei der Zubereitung werden sie gesengt, ausgewaschen und mit dem Zeigefinger die Haut von der Brust bis zu den Flügeln gelöst. Für ein Täubchen wird mit einem halben Brötchen, das man eingeweicht, ausgedrückt und verzupft hat, 1/2 Ei, Salz, Pfeffer und Muskat, dem verwiegten Magen und Herz eine Fülle bereitet, damit die Brusthaut gefüllt, das Täubchen zugenäht und dressiert. Man brät die Täubchen, nachdem man die Brust nach Belieben mit Speckscheiben umhüllt hat, in mittelheißem Ofen etwa 1/2 Std. Der Beiguß wird entfettet, durch ein Sieb gegossen und die Täubchen beim Anrichten in Hälften geteilt. Alte Tauben, welche man an dem harten Brustbein erkennt, können nicht gebraten werden.
Kochbuch der Haushaltungs- und Kochschule des Badischen Frauenvereins, Karlsruhe 1918

Pfingstochsen, Pfingstmilch, Pfingstbier

Was aber hat es mit dem Pfingstochsen auf sich? Das Pfingstfest war im Zuge der Christianisierung mit der Zeit der germanischen Frühlingsfeste verbunden worden, anlässlich derer stets ein Tier geopfert wurde. Genau zu diesem Zeitpunkt findet in bestimmten ländlichen Gegenden, vor allem im Bereich der Alpen, bis heute der feierliche Almauftrieb des Viehs statt, der in so manchem Ort zum Volksfest wird. Das Vieh, allen voran der größte und mächtigste Ochse, mit Blumen und Girlanden festlich geschmückt, wird durch die Gassen getrieben. Und da sich zur erfolgreichen Bekehrung der Germanen nicht all ihre Bräuche abschaffen ließen, wurde nun der arme Ochse als Zugeständnis an die alten germanischen Kulte zum Opfertier: geschlachtet und auf den Bratspieß gesteckt.
In ländlich bäuerlichen Gegenden gehörte in alten Zeiten die an Pfingsten gemolkene Milch den Mägden, die ihren Burschen mit der »Pfingstmilch« eine Milchsuppe mit Mandeln und Eiern zubereiteten. Die Burschen revanchierten sich am Pfingstmontag nach dem Kirchgang mit einem Pfingstbier, dessen Genuss mit dem Verspeisen des Pfingstochsen, Musik und Tanz auf dem Marktplatz einherging.
Auch heute ist Pfingsten traditionell die Zeit der Märkte und Volksfeste. Jahreszeitlich fällt es in unseren Breitengraden in die Erdbeer- und Spargelzeit.

Erdbeerzeit, Spargelzeit

Das leuchtende Rot der Erdbeeren erinnert an das pfingstliche Rot als Farbe des Heiligen Geistes, der nach der biblischen Erzählung in »Feuerzungen« auf die Jüngerinnen und Jünger Jesu herabkam. In der christlichen Überlieferung gilt die Erdbeerpflanze mit den rosenförmigen Blüten, deren Beeren ohne Kern und Schale sind, die gleichzeitig Früchte und Blüten trägt, als Sinnbild der Rechtschaffenheit.
Wenn auf einem Gemälde der christlichen Kunst eine blühende Erdbeerpflanze auftaucht, ist sie als Wahrzeichen frommer und guter Gedanken zu verstehen. Die Erdbeere wurde daher auch zur Begleitpflanze von Maria auf mittelalterlichen Tafelgemälden.
In dem Märchen »Die Haselrute« von den Gebrüdern Grimm wird geschildert, wie Maria Erdbeeren pflückt – für das Christkind, das in seinem Wiegenbett gerade eingeschlummert war: »Schlaf sanft, ich will derweil in den Wald gehen und eine Handvoll Erdbeeren für dich holen; ich weiß wohl, du freust dich darüber, wenn du aufgewacht bist«, so Marias tröstende Worte. Eine andere alte Legende erzählt, dass Maria einmal im Jahr vom Paradies herabsteigt, um Erdbeeren für die verstorbenen Kinder im Himmel zu sammeln.

Erdbeer-Suppe 1784

Zutaten:
500 g Erdbeeren (Gewicht nach dem Putzen)
120 g Puderzucker
½ Zitrone
250 ml trockener Weißwein
2 cl Orangenlikör
gegebenenfalls Amaretti oder Eiswürfel

Man gießt Wein und Zucker auf die Erdbeer nach Belieben, und läßt sie aufwallen, druckt sie durch ein Tuch, alsdann läßt man es wieder aufkochen, Semmelschnitten im Butter oder Schmalz braun geröstet, in die Suppenschale gelegt und die Brühe darüber gegossen, Zucker und Zimmet darauf gestreut, so ist sie fertig; wann man will, bestreiche man den Rand der Schüssel mit Zuckerwasser, und bestreue ihn mit Streuzucker von allerley Farben, es ist schön anzusehen.
Wohleingerichtetes Kochbuch für alle Liebhaber der Kocherey, Zweytes Bändgen, Hall in Schwaben, anno 1784

Wie die Suppe heute schmeckt

Die gewaschenen Erdbeeren vierteln und in einen großen Topf geben. Den Puderzucker mit dem Saft einer halben Zitrone, dem Weißwein und dem Orangenlikör verrühren und die Erdbeeren darin 20 Minuten marinieren; dabei die Erdbeeren mehrfach in der Marinade wenden. Die Erdbeeren mit der Marinade aufkochen und bei ausgeschalteter Herdplatte (E-Herd) ziehen lassen. Die Früchte müssen weich sein. Alles durch ein Passiertuch geben, und die Flüssigkeit nochmals aufkochen lassen. Es ergibt sich ca. 1/2 Liter Suppe. Wer es gern süß mag, gibt Amaretti in die heiße Suppe.
Will man die Suppe gekühlt und mit Eiswürfeln serviert als Erfrischungsdrink genießen, braucht man den Erdbeersaft natürlich nicht noch einmal aufzukochen.
Hier noch kleine Tipps für Genießer: Kalte Erdbeersuppe lässt sich mit Eiswürfeln und einem Schuss Sekt in einen sommerlichen Aperitif verwandeln. Länger haltbar ist die Erdbeersuppe, wenn man sie mit Wodka im Verhältnis 3:1 zu einem leichten Likör mischt; aber auch dann sollte sie im Kühlschrank aufbewahrt werden. Wer den besonderen Kick sucht, gibt auf den Erdbeerlikör noch einen kräftigen Schluck Sekt.

Die Erdbeerzeit ist in unseren Breitengraden auch Spargelzeit. Wie recht hatte der niederländische Maler *Hieronymus Bosch* (1450-1516) als er sagte: »Spargel ist eine ›liebliche Speis‹ für Leckermäuler.« Doch in der Zubereitung des Spargels unterscheiden sich die Feinschmecker. Davon erzählt folgende Anekdote: Der französische Schriftsteller *Bernard le Bovier de Fontenelle* (1657–1757) liebte Spargel über alles, vor allem, wenn er in einer Vinaigrette angerichtet war. Eines Tages besuchte ihn der Abbé Terrasson zum Mittagessen, der den Spargel mit einer weißen Soße bevorzugte. Fontenelle bekannte, dass es für ihn schon ein großes Opfer bedeute, ihm die Hälfte des kostbaren Spargels zu überlassen und wies die Köche an, die Portion für den Gast in einer weißen Soße zu servieren. Kurz bevor das Essen aufgetragen wurde, wurde dem Abbé übel, und er erlitt einen Schlaganfall. Fontenelle sprang auf, eilte in die Küche und rief laut: »Alles in Essig und Öl, jetzt alles in Essig und Öl!«
In der heutigen Küche ist es aktuell, Spargel zu braten und bissfest anzurichten. Diese Zubereitungsart findet sich schon 1691.

Spargelrezept 1691

Schneidet an einem dicken langen Spargel das Weisse von den Stielen ein wenig ab / legt ihn eine Stund in ein frisches Wasser / waschet denselben und schwinget das Wasser wohl davon; thut ein Oel in ein Bratpfaennlein / machet es warm / leget den Spargel hinein / und last ihn braten daß er fein haertlich bleibe: dann seihet das Oel herab und besprenget den Spargel mit Saltz und Pfeffer / schwinget ihn ein wenig darinnen herum / und schlichtet selbigen in eine Schuessel / giesset von dem Oel / darinnen er gebraten / etwas darueber; setzet ihn auf eine Kohlen / daß er noch ein wenig aufpratzele / und traget ihn dann schoen warm zu Tisch.
Vollstaendiges Nuernbergisches Kochbuch, Nuernberg 1691

Maibowle

Einen Disput über die rechte Zubereitung einer Maibowle überliefert *Theodor Fontane* in seiner Erzählung »Schach von Wuthenow« (1882), die auf die Zeiten Napoleons zurückblickt. Zur Maibowle lässt Fontane drei historische Gestalten zusammenfinden: den Verleger Sander, den Schriftsteller Bülow und den Offizier von Alvensleben:

»Unsere drei Freunde hatten in einer dem Kellerloch schräg gegenüber gelegenen Ecke Platz genommen, und Sander, der grad lange genug Verleger war, um sich auf lukullische Feinheiten zu verstehen, überflog eben die Wein- und Speisekarte. Diese war in russisch Leder gebunden, roch aber nach Hummer. Es schien nicht, dass unser Lukull gefunden hatte, was ihm gefiel; er schob also die Karte wieder fort und sagte:
›Das Geringste, was ich von einem solchen hundstäglichen April erwarten kann, sind Maikräuter, Asperula odorata Linnéi. Denn ich hab auch Botanisches verlegt. Von dem Vorhandensein frischer Apfelsinen haben wir uns draußen mit Gefahr unseres Lebens überzeugt, und für den Mosel bürgt uns die Firma.‹
Der Herr am Pult rührte sich nicht, aber man sah deutlich, daß er mit seinem Rücken zustimmte, Bülow und Alvensleben taten desgleichen, und Sander resolvierte kurz: ›Also Maibowle.‹
Das Wort war absichtlich laut und mit der Betonung einer Ordre gesprochen worden, und im selben Augenblicke scholl es auch schon vom Drehstuhl her in das Kellerloch hinunter: ›Fritz!‹ Ein zunächst nur mit halber Figur aus der Versenkung auftauchender dicker und kurzhalsiger Junge wurde, wie wenn auf eine Feder gedrückt worden wäre, sofort sichtbar, übersprang diensteifrig, indem er die Hand aufsetzte, die letzten zwei, drei Stufen und stand im Nu vor Sander, den er, allem Anscheine nach, am besten kannte.
›Sagen Sie, Fritz, wie verhält sich die Firma Sala Tarone zur Maibowle?‹
›Gut. Sehr gut.‹
›Aber wir haben erst April, und sosehr ich im allgemeinen der Mann der Surrogate bin, so hass ich doch eins: die Tonkabohne. Die Tonkabohne gehört in die Schnupftabaksdose, nicht in die Maibowle. Verstanden?‹
›Zu dienen, Herr Sander.‹
›Gut denn. Also Maikräuter. Und nicht lange ziehen lassen. Waldmeister ist nicht Kamillentee. Der Mosel, sagen wir ein Zeltinger oder ein Brauneberger, wird langsam über die Büschel gegossen; das genügt. Apfelsinenschnitten als bloßes Ornament. Eine Scheibe zuviel macht Kopfweh. Und nicht zu süß, und eine Cliquot extra. Extra, sag ich. Besser ist besser.‹
Damit war die Bestellung beendet, und ehe zehn Minuten um waren, erschien die Bowle, darauf nicht mehr als drei oder vier Waldmeisterblättchen schwammen, nur gerade genug, den Beweis der Echtheit zu führen.
›Sehen Sie, Fritz, das gefällt mir. Auf mancher Maibowle schwimmt es wie Entengrütze. Und das ist schrecklich. Ich denke, wir werden Freunde bleiben. Und nun grüne Gläser.‹
Alvensleben lachte. ›Grüne?‹
›Ja. Was sich dagegen sagen lässt, lieber Alvensleben, weiß ich und lass es gelten. Es ist in der Tat eine Frage, die mich seit länger beschäftigt und die, neben anderen, in die Reihe jener Zwiespalte gehört, die sich, wir mögen es anfangen, wie wir wollen, durch unser Leben hinziehen. Die Farbe des Weins geht verloren, aber die Farbe des Frühlings wird gewonnen, und mit ihr das festliche Gesamtkolorit. Und dies erscheint mir als der wichtigere Punkt. Unser Essen und Trinken, soweit es nicht der gemeinen Lebensnotdurft dient, muss mehr und mehr zur symbolischen Handlung werden, und ich begreife Zeiten des späteren Mittelalters, in denen der Tafelaufsatz und die Fruchtschalen mehr bedeuteten als das Mahl selbst.‹«

Maikräuterbowle

Zutaten:
1½ l Wein
3 Büschel Maikräuter [Waldmeister]
120–150 g Würfelzucker

Zur Herstellung dieser sehr beliebten Bowle empfiehlt es sich, einen leichten Rheinwein zu verwenden; es kann aber auch jede andere Weißweinsorte dazu gebraucht werden. Die Maikräuter sollen etwa 24 Stunden vor der Verwendung gepflückt werden; in halbwelkem Zustande geben sie ein kräftigeres Aroma ab. Beim Pflücken achte man darauf, daß der Waldmeister nicht blüht; auch schneide man ihn möglichst kurz ab, weil die Stengel einen herben Beigeschmack haben. Bei der Zubereitung werden die Kräuter mit einem Faden zusammengebunden und die Sträußchen in den gut zugedeckten Wein gegeben.
Nach etwa 10 Min. nimmt man den Waldmeister heraus, gibt nach der Säure des Weines Würfelzucker zu, löst diesen vorsichtig auf, damit der Wein nicht trübe wird und stellt die Bowle kalt. Sie soll eine Temperatur von etwa 10 Grad Celsius haben. Will man sie besonders fein haben, gießt man beim Auftragen eine kleine Flasche Champagner zu.
Um auch im Winter Maiwein zur Verfügung zu haben, wird zur Zeit der Maikräuter Maiwein ohne Zucker hergestellt, den man gut verkorkt das ganze Jahr aufbewahren kann.
Es empfiehlt sich, zum Ausziehen des Aromas die doppelte Menge Maikräuter zu verwenden, damit man im Winter den Maiwein nach Bedarf strecken kann.
Kochbuch der Haushaltungs- und Kochschule des Badischen Frauenvereins, Karlsruhe 1918

Fronleichnam

In weißen Kleidchen kommen Kinder singend.
Sie tragen kleine Kränze in den Haaren.
Und Knaben, runde Weihrauchkessel schwingend,
Im Spitzenrock und roten Festtalaren.

Der Truhen Glanz weht um die alte Tracht.
Die Kessel dampfen, drin die Kräuter kohlen.
Sie ziehen durch der weiten Felder Pracht,
Und matter glänzen die vergilbten Stolen.

Georg Heym

Haben Sie schon einmal *Jungfernnudeln* oder *Jungfernschmarrn* (Fettgebackenes) gebacken oder gegessen? Früher war es in Bayern am Fronleichnamstag üblich, dass die jungen »Maderln« diese kulinarischen Köstlichkeiten nach der Prozession verspeisten, allerdings nicht ohne ihre Burschen, die sich gern dazu einladen ließen.

Jungfernnudeln

Zutaten:

- 1 kg Mehl
- 60 g Hefe
- 300 ml Milch
- 60 g zimmerwarme Butter
- 4 Eigelb
- 1 Vanilleschote
- Abrieb einer ungespritzten Zitrone
- 1 Prise Zucker
- eine Prise Salz
- Öl zum Ausbacken
- 80–100 ml Rum zum Beträufeln
- Puderzucker zum Bestäuben

Die Hefe in eine Schüssel bröckeln und mit der erwärmten Milch, der Prise Zucker und ein wenig Mehl verrühren. Mit etwas Mehl bestäuben und zugedeckt an einen warmen Ort stellen (bis max. 37 Grad) und aufgehen lassen. Unterdessen die Schale der Zitrone abreiben; mit einem spitzen Messer die Vanilleschote aufschneiden und das Vanillemark herauskratzen. Zunächst das restliche Mehl unter den Hefevorteig mischen, dann Butter, Salz, Eidotter, den Zitronenabrieb und das Vanillemark dazugeben und alles miteinander verkneten. Den Teig so lange schlagen, bis er Blasen wirft und sich vom Schüsselrand löst. Den Teig dann an einem warmen Ort zugedeckt noch einmal ½ Stunde lang aufgehen lassen, bis er deutlich an Volumen zugenommen hat. Das Öl in einer hohen Pfanne erhitzen. Aus dem Teig fingerdicke Rollen formen und nach Belieben 5–8 cm lange Stücke davon mit der Schere abschneiden. Die Teigstücke sofort in heißem Öl ringsum goldgelb ausbacken. Mit der Schaumkelle aus dem Fett nehmen, auf Küchenpapier abtropfen lassen, auf einen Teller geben und mit dem Rum beträufeln. Anschließend mit Puderzucker bestäuben und sofort servieren.

Außer den Jungfernnudeln bekamen die Mädchen neue weiße Kleider zum Prangen (sich in aller Pracht, also aller Schönheit zeigen). Deshalb wird Fronleichnam in Bayern auch *Hoffarts-* oder *Prangertag* genannt. Aber was hat es mit diesem katholischen Feiertag primär auf sich? Seit dem 13. Jahrhundert feiert die katholische Kirche das »Hochfest des Leibes und des Blutes Christi«, das Fronleichnamsfest. Dieser Begriff geht auf die althochdeutschen Worte *fron*, »Herr«, und *liknam* oder *lichnam*, »Leib«, zurück und weist auf die leibliche Gegenwart Jesu Christi in der Eucharistie hin. Aufgrund dieser inhaltlichen Verbindung zur Einsetzung des Abendmahls am Gründonnerstag wurde der Festtermin auf einen Donnerstag gelegt. Während der Gründonnerstag in der Karwoche liegt, in der sich größere Feierlichkeiten verbieten, kann man an Fronleichnam – innerhalb der Pfingstzeit – die Freude über die Einsetzung des Abendmahls und den Sieg Christi über den Tod gebührend feiern.
Der Ursprung dieses Festes geht auf eine Vision der Augustinernonne *Juliana von Lüttich* im Jahr 1209 zurück. Während sie betete, hatte sie den Mond gesehen, und zwar mit einer kleinen verdunkelten Stelle darauf. Dieses astronomische Phänomen interpretierte sie als Zeichen Jesu Christi, dass dem Kreis der kirchlichen Feste eines fehle, eine besondere Huldigung der Eucharistie. Es dauerte allerdings zwanzig Jahre, bis sie sich einer Mitschwester und einer Einsiedlerin anvertraute. Den drei Frauen gelang es, den angesehenen Priester Johannes von Lausanne, Kanoniker der Kirche »Saint-Martin« in Lüttich, von der Notwendigkeit einer solchen besonderen Feier des Altarsakraments zu überzeugen, so dass diese 1246 im Bistum Lüttich eingeführt wurde. Nachdem sich die Fronleichnamsfeiern in den Folgejahren in dem ein oder anderen Bistum durchgesetzt hatten, wurden sie 1264 durch Papst Urban IV. für die ganze abendländische Kirche eingeführt und 1317 endgültig von Papst Johannes XXII. bestätigt.

Im Zentrum der Feierlichkeiten steht die Heilige Messe. Darauf folgt eine Prozession, in der die Monstranz, ein kostbar gestaltetes Schaugefäß, mit der geweihten Hostie zu vier prachtvoll geschmückten Außenaltären getragen wird, an denen die Prozession innehält. Die Prozession, das »Wallen« der Gläubigen, symbolisiert das Ziehen durch die Lebenszeit bis zur Heimkehr in Gottes Ewigkeit. Den Abschluss der Fronleichnamsprozession bildet eine gemeinsame Segensandacht. Die Straßen und Wege der Prozession werden auch heute noch mit Blumen geschmückt.

Johannistag
(24. Juni)

Johanneslichter

Die Sonne versinket, es breitet sich Tau,
Wie Schleier, auf Felder und Matten.
Hinaus denn, erquickt euch an Düften der Au,
Lustwandelt im traulichen Schatten.

Und nehmet mit Schweigen die Feier in Acht,
Von Kindern des Himmels erkoren.
Vor Jahren einst wurde in selbiger Nacht
Johannes der Täufer geboren.

Da kommen die Kleinen, man kennt nicht die Bahn,
Ein silberner Regen von weiten.
Und flimmern und schimmern herab und heran,
Buntwechselnd nach jeglichen Seiten.

»Lebt wohl, ihr Geliebten, und endet den Tanz,
Und rastet sechs Monden von ferne.
Dann aber, zum Christfest, im schöneren Glanz,
Strahlt nieder vom Himmel als Sterne.«

Friedrich Treitschke

Saftige Früchte, von der großen Erdmutter hervorgebracht, Starkbier, das die Frauen mit aphrodisierenden Kräutern angereichert hatten, Raum für Erotik, Rauchopfer und Tänze um große Feuer: Das sind Kennzeichen der Sommersonnenwendfeste, mit denen die Kelten Mittsommer, dem Tag mit dem höchsten Sonnenstand, ihrem Sonnengott huldigten. Manchmal dauerten diese lustvollen, rauschhaften Feste zwölf Tage lang.
Solche alten heidnischen Sonnenwend-Bräuche versuchte die Kirche im Zuge der Christianisierung abzuschaffen, doch vergeblich. Die Sommersonnenwende fiel in den ersten Jahrhunderten nach Christus auf den 24. Juni des alten julianischen Kalenders. So bestimmte die Kirche im fünften Jahrhundert den 24. Juni als Fest für den Geburtstag von Johannes dem Täufer. Das ergab sich, weil Johannes nach den Erzählungen des Lukasevangeliums ein halbes Jahr früher geboren wurde als Jesus: Nachdem das Datum der Geburt Jesu Ende des 4. Jahrhunderts liturgisch auf den 25. Dezember, die Wintersonnenwende, festgelegt worden war, folgte daraus dann das Datum der Sommersonnenwende als Geburtstag von Johannes dem Täufer. Er ist (bis auf Jesus und Maria) der Einzige, dessen Geburtstag liturgisch gefeiert wird; in der Regel sind die Gedenktage der Heiligen ihre Todestage als »Geburtstag für den Himmel«.
Viele Menschen zur Zeit Jesu waren der Überzeugung, dass Johannes der Täufer schon der erwartete Erlöser sei. Doch Johannes sah sich mit der Taufe Jesu im Jordan auf dem Höhepunkt seiner Wirksamkeit. So sind seine Worte im Johannesevangelium zu verstehen: »Jesus muss wachsen, ich, Johannes, aber muss kleiner werden.« Dieser Gedanke lässt sich zugleich auf den längsten Tag (Sommersonnenwende) wie auf den kürzesten Tag im Jahr (Wintersonnenwende) beziehen: Nach dem Johannistag nimmt das Licht ab – und ab dem Tag von Jesu Geburt nimmt es wieder zu. Die Erhellung der Nacht durch Licht brachte dem Johannistag den Namen »Sommerweihnachten« ein.

Sonnenwendfeuer

Nicht nur in den skandinavischen Ländern, sondern auch in Deutschland wurden zur Sommersonnenwende große Feuer angezündet; diese sollten Schaden von Vieh und Ernte abhalten. Von daher wird der heilige Johannes bis heute in Redewendungen oft mit dem Wetter zusammengebracht. Einem alten, bis ins 19. Jahrhundert zurückgehenden Brauch zufolge beschenkte es einen mit Segen, wenn man über solch ein Sommersonnenfeuer sprang. Für ein Liebespaar bedeutete es ein gutes Omen, dass die Hochzeit bald bevorstünde, wenn es dabei seine Hände nicht losließe. Segensreich wirkte es aber auch, wenn alle zusammen um dieses Feuer herumtanzten. Dem Volksglauben nach wurden dadurch böse Dämonen vertrieben, die Krankheiten oder Viehschäden hätten verursachen können.
In der Glut des Feuers wurden früher auch Kräuter und Wurzeln gekocht, deren Verzehr ebenfalls der Gesundheit dienen sollte. Zuletzt warfen die jungen Mädchen und Frauen das Blumenbouquet, das sie zum Festkleid trugen, in die verlöschende Glut und hofften, dass zusammen mit dem Gebinde ihr Missgeschick verbrennen und in Nichts zerfallen würde. Üblicherweise wurde die Asche des Johannisfeuers an den Tagen nach dem Fest als Segen auf die Felder gebracht.
Brennende, mit Pech bestrichene Fässer oder Reifen, die man Berghänge herabrollen ließ, erinnerten beim Überschlagen an das lichtsprühende Sonnenrad. In manchen Regionen leben einzelne dieser Bräuche, wie das Johannisfeuer oder das Herabrollen brennender Räder wieder auf.

Johanniskronen und Johanniskückhlein

Einer anderen Sitte nach wurden in einigen Regionen aus Blättern und Laub sogenannte Johanniskronen gestaltet und, mit Blumen und Bändern geschmückt, auf dem Marktplatz aufgehängt. Solange das Grün der Krone noch nicht vertrocknet war, wurde an den Abenden und Nächten darum herumgetanzt.
Ein ebenfalls beliebter Brauch bestand früher zudem im Backen von Johanniskuchen. Im Elsass war es üblich, die Küchlein in noch warmem Zustand nach Hause zu tragen; davon leitet sich vermutlich die Redensart: »Hans Dampf in allen Gassen« ab. In Spanien – einschließlich der Balearen – wird auch heute noch zur Johannisnacht der traditionelle, mit Zimt, Zitronenschale sowie Anislikör aromatisierte ovale flache Hefekuchen *Coca de Sant Joan* (»Johanniskuchen«) auf einem Blech gebacken. In der Regel wird er vor dem Backen mit kandierten Früchten, oft auch mit Pinienkernen belegt.

Johanniskückhlein

Zutaten:
250 g Mehl
125 g Butter
40 g Zucker
1 Prise Salz
Abrieb von 1 Limette
5 Dotter von hartgekochten Eiern (Größe L), durch ein feines Sieb gedrückt

Die Zutaten zu einem geschmeidigen Teig kneten; falls er zu krümelig ist, noch etwas Butter hinzufügen, in Frischhaltefolie wickeln und ca. ½ Std. in den Kühlschrank legen. Den Teig ca. 1 cm dick ausrollen und Kreise von 6–7 cm Durchmesser ausstechen, auf ein mit Backpapier belegtes Backblech legen, mehrfach einstechen und bei 170 Grad (150 Grad Heißluft) etwa 20 Min. goldgelb backen. Etwas abkühlen lassen und mit Fruchtkonfitüre oder -gelee bestreichen; noch lauwarm genießen. Ergibt ca. 12 Stück.

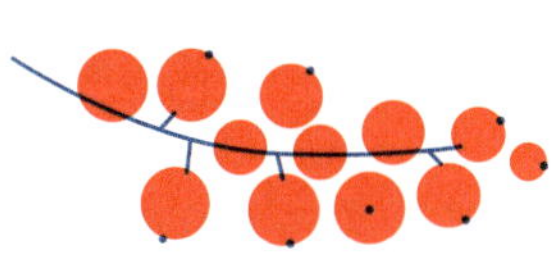

Tag der Heilkräfte

Der Johannistag war zugleich der »Tag der Heilkräfte«, an dem man allerlei Heilkräuter sammelte. Dazu gehören unter anderem Arnika, Eisenkraut, Kamille, Klette, Margerite, Bärlauch, Beifuß, Ringelblume und natürlich das Johanniskraut.
Das Johanniskraut blüht um den Johannistag auf. Es wird als Heilmittel gegen Depressionen, gegen Hexenschuss und Gicht eingesetzt. Zudem soll es Schmerzen lindern und Wunden schneller heilen lassen.
Die Heilkräuter, zu Kränzen gebunden und an die Tür gehängt, sollten die Bewohner des Hauses vor bösen Geistern schützen, die in dieser Nacht herumspukten.
Einer alten Sitte nach isst man an diesem Tag auch traditionell Brennnesselpfannkuchen, da den Brennnesseln eine ganz besondere Heilkraft zugesprochen wird.

Der französische Politiker und Schriftsteller *Victor Hugo* (1802–1885) erzählt in seinem Roman »Die Elenden« (1862) von einem Mann, der in einem armen Dorf auftaucht und den Leuten dort dafür die Augen öffnet, dass Brennnesseln vielerlei Nutzen haben: »Solange sie jung sind, liefern die Brennnesselblätter ein vorzügliches Gemüse; später enthalten sie Fasern und Fäden, wie der Hanf und der Flachs. Gehackt geben Brennnesseln ein gutes Fressen für das Geflügel ab; zerrieben, für das Hornvieh. Dem Viehfutter beigemengt, bewirkt Brennnesselsamen, daß die Haut der Tiere einen schönen Glanz bekommt, mit Salz vermischt, erzeugen Brennnesselwurzeln eine schöne gelbe Farbe. Außerdem ist es ein gutes Heu, das man zweimal mähen kann. Und was braucht die Brennnessel? Wenig Platz, gar keine Abwartung und Pflege. Nur dass der Same nach und nach, sobald er reif geworden, zur Erde fällt und schwer einzusammeln geht. Aber weiter auch nichts. Wollte man sich bloß ein klein bisschen Mühe geben, so würde man aus den Brennnesseln großen Nutzen

ziehen; man vernachlässigt sie aber, und da wird ein Unkraut daraus. Dann rottet man sie aus. Mit vielen Menschen macht man's freilich nicht besser. Merkt Euch, Freunde! So was wie Unkraut gibt's nicht, ebenso wie's auch keine schlechten Menschen gibt. Man versteht bloß nicht mit dem Kraut und den Menschen richtig umzugehen.«

Brennessel, verkanntes Kräutlein,
Dich mufs ich preisen,
Dein herrlich Grün in bester Form
baut Eisen,
Kalk, Kali, Phosphor, alle hohen Werte,
Entspriefsend aus dem Schofs
der Mutter Erde,
Nach ihnen nur brauchst Du Dich
hinzubücken,
Die Sprossen für des Leibes Wohl
zu pflücken,
Als Saft, Gemüse oder Tee sie
zu geniefsen,
Das, was umsonst gedeiht in Wald,
auf Pfad und Wiesen,
Selbst in noch dürft'ger Grofsstadt
nahe Dir am Wegesrande,
Nimms hin, was rein und unverfälscht
die gütige Natur
Dir heilsam liebend schenkt
auf ihrer Segensspur!
August Heinrich Hoffmann von Fallersleben

Bereits die heilige *Hildegard von Bingen* (1098–1179) notierte über die gesundheitliche Wirkung der Brennnessel: »Die Brennnessel ist in ihrer Art sehr warm. In keiner Weise nützt es, dass sie roh gegessen wird, wegen ihrer Rauheit. Aber wenn sie frisch aus der Erde sprießt, ist sie gekocht nützlich für die Speisen der Menschen, weil sie den Magen reinigt und den Schleim aus ihm wegnimmt.«
Vielleicht verspürt man nach dem Genuss eines Gerichts, dem Brennnesseln beigefügt wurden, aber noch ganz andere Gelüste. Denn da sie durchblutungssteigernd wirken, sind sie im Mittelalter als aphrodisierend verstanden worden. So schreibt Arzt *Pietro Andrea Mattioli* (1501-1577): »Nesselblätter in Wein gesotten und getrunken, machen zur Liebe feurig, locken zur Unkeuschheit.« Und der Theologe, Humanist, Arzt und Botaniker *Otto Brunfels* (1488–1534) berichtet: »Wenn sie wollen eheliches Werck treiben, essen sie den samen mit zwiebeln und eys dotteren und Pfeffer.«

Doch nicht nur Brennesseln, sondern auch die Holunderblüten gelten aufgrund ihrer ätherischen Öle und Vitamine als sehr gesund. Die *Hollerküchel* geben dem Johannistag bisweilen den Namen *Holdertag*, wobei Holder für Holunder steht. Im niederdeutschen Raum werden die Holunderbeeren auch als Fliederbeeren bezeichnet; der Fliederbeerenbaum hat aber mit dem Fliederbaum, der uns im Frühjahr weiß und violett blüht, nichts gemein.

Hollerküchle

Zutaten:
100 g Mehl
200 ml Weißwein
2 EL Öl
2 Eigelb
40 g Zucker
Eischnee aus 3 bis 4 Eiweiß mit 1 Prise Salz
Holunderblütendolden
Puderzucker/Zimtzucker

Holunderblütendolden evtl. von Insekten reinigen. Alle Zutaten verrühren, am Schluss das Eiweiß unterheben. Der Weinteig zum Ausbacken muss recht leichtflüssig und luftig sein. Die Holunderblüten durch den Teig ziehen, abtropfen lassen und in Pflanzenöl (180 Grad) goldbraun ausbacken. Danach mit Puderzucker oder Zimtzucker bestäuben. Das Rezept reicht für etwa acht bis zehn Holunderblütendolden, je nach Größe.

So mancherlei ist nach dem heiligen Johannes benannt, auch die roten und schwarzen Johannisbeeren, die Ende Juni reif sind. Natürlich genießen wir auch unterschiedliche Sorten von Johannisbeerkuchen. Nur für zwei kulinarische Köstlichkeiten ist mit St. Johanni auf dem Speiseplan Schluss: für den Rhabarber und für den Spargel. Von daher nennt man den 24. Juni, an dem der letzte Spargel gestochen wird, auch Spargelsilvester.

Vergessen wir aber über alldem nicht die Johanniswürmchen, die Glühwürmchen, die wie klitzekleine Laternen in der Dunkelheit auch dann noch leuchten, wenn die Sonnwendfeuer verloschen sind.

Johanniswürmchen

Was tanzen so goldige Sternchen
Umher in funkelnder Pracht?
Sind Käfer mit ihren Laternchen,
Die fliegen spazieren bei Nacht.

Wenn einer begegnet dem andern,
Dann grüßen sie sich, wie man tut,
Erzählen sich was und wandern
Dann weiter wohlgemut.

Und kehrt der Morgen wieder,
Sucht Jeder eilig sein Haus,
Doch eh' er sich leget nieder,
Löscht er sein Laternchen aus.

August Heinrich Hoffmann von Fallersleben

Mariä Himmelfahrt
(15. August)

Maria aufgenommen ist, Halleluja,
zu ihrem Sohne Jesus Christ, Halleluja.
Ihr Sohn, der Tod und Grab besiegt, Halleluja,
er lässt im Tod die Mutter nicht. Halleluja.

Im Himmel ist sie Königin, Halleluja.
und aller Welt ein Trösterin. Halleluja.
O Zeichen groſs: ihr Kleid die Sonn, Halleluja,
ihr Schuh der Mond, zwölf Stern ihr Kron. Halleluja.

O groſse Freud, o Seligkeit! Halleluja,
Stimm ein, o ganze Christenheit! Halleluja.
Gelobt sei die Dreifaltigkeit, Halleluja,
der eine Gott in Ewigkeit. Halleluja.

Würzburg 1621

Das Lukasevangelium schildert die Mutter Jesu als Prophetin im Geist der Hebräischen Bibel. Sie singt dort ein Lied, das nach den Anfangsworten der lateinischen Übersetzung *Magnifikat* genannt wird: »Und Maria sprach: Meine Seele erhebt den Herrn und mein Geist freut sich über Gott, meinen Retter; denn er hat die Niedrigkeit seiner Magd angesehen. Siehe, von nun an werden mich selig preisen alle Kindeskinder; denn Gott hat große Dinge an mir getan, der da mächtig ist und dessen Name heilig ist. Er stößt die Gewaltigen vom Thron und erhebt die Niedrigen.«

Das Fest Mariä Himmelfahrt hat seinen Ursprung in der Ostkirche, wo es seit dem fünften Jahrhundert als »Entschlafung der Gottesmutter« begangen wurde. Im Römischen Reich wurde die Mitte des Monats August als »feriae Augusti« zum Gedächtnis der Siege und Triumphe des Kaisers Augustus gefeiert. Die Kirche legte auf diesen Termin den »Sieg« der Gottesmagd Maria, die vom Sturz der Mächtigen und der Erhöhung der Niedrigen gesungen hatte. Es bildete sich die Vorstellung heraus, dass auch der Leib Marias, der Jesus geboren hatte, nicht im Grab geblieben, sondern von Gott in den Himmel auferweckt worden sei. Viele barocke Kirchen haben die Auffahrt Marias zum Himmel als zentrales Deckengemälde oder Altarbild: Die Mutter Jesu als Urbild des erlösten Menschen. Auch wenn es dafür kein biblisches Zeugnis gibt, wurde die Vorstellung von Marias leiblicher Aufnahme in den Himmel nach Jahrhunderten frommen Glaubens 1950 von Papst Pius XII. zum Dogma erhoben.

»Mariä Himmelfahrt« ist das älteste Marienfest, es wird auch Großer Frauentag, Maria Würzweih oder Büschelfrauentag genannt, denn an diesem Tag findet in der römisch-katholischen Kirche seit dem 9. Jahrhundert alljährlich das Ritual der Kräuterweihe statt, so schreibt der Dichter *Guido Görres* im 19. Jahrhundert:

Maria, dir empfehlen wir,
was grünt und blüht auf Erden;
o lass es eine Himmelszier
in Gottes Garten werden.

Hierbei werden, je nach Region, sieben bis maximal siebenundsiebzig unterschiedliche Kräuter zu Sträußen gebunden und zur Kirche gebracht, um sie segnen zu lassen; es ist dabei Sitte, dass die Zahl der Kräuter einen symbolischen Hintergrund hat. Diese Kräutersträuße enthalten der Tradition nach möglichst die Hauptkräuter Arnika, Johanniskraut, Kamille, Salbei, Spitzwegerich und Wermut; auf jeden Fall dabei sein muss die Königskerze, der sogenannte Himmelsbrand. Nach der Weihe werden die Kräutersträuße daheim, in Ställen, Hausgiebeln oder in der Wohnung im Herrgottswinkel mit den Blüten nach unten zum Trocknen aufgehängt. Bei dem Bedürfnis nach geistlicher Stärkung zupft man ein paar der trockenen Blüten heraus, zerreibt und verbrennt sie. Über diesen alten Brauch schreibt *Sebastian Franck* 1534 kritisch:

an unser frawen himmelfart da tregt alle welt obs/ büschel allerley kreuter/ in die kirchen zu weihen/ für alle sucht und plag uberlegt/ bewert. Mit disen kreutern geschicht seer vil zauberey.

Die gesundheitliche Wirkung von Heilkräutern war den Menschen in vielen Kulturen schon seit Langem bekannt. Da Maria schon seit Beginn des Christentums als »reine Magd Gottes« und damit als »heiles Geschöpf« verehrt wird, die erwählt war, als Jungfrau den Erlöser zur Welt zu bringen, wurde sie gewissermaßen zum Symbol für die heilstiftende Macht Gottes, durch die der gläubige Mensch nach seinem Tod zur Vollendung geführt wird.

In der alternativen Medizin ist die Verwendung von Heilkräutern heutzutage wieder von aktueller Bedeutung. Gern greift man dabei auch auf Wissen und Rezepturen der deutschen Mystikerin, Äbtissin, Naturkundigen und Kirchenlehrerin *Hildegard von Bingen* (1098–1179) zurück. In den Klostergärten gab es eine große Auswahl an Kräutern. Wie umsichtig man damit umgehen sollte, beschreibt sie mit folgenden Worten: »Trage Vorsorge für deinen Garten, den Gottes Gabe gepflanzt, und sei auf der Hut, dass seine Gewürzkräuter nicht verdorren. Schneide vielmehr das Faule von ihnen ab, wirf es weg – denn es erstickt das Wachstum – und bringe es so zum Blühen.«

HOCH
FLIEGER

Volksfeste im Herbst

Zum Jahrmarkt

Zum Jahrmarkt! heißt die Losung heut.
Drauf haben wir uns lang gefreut.
Da kann man kaufen, hören, seh'n,
Und ohne Geld nach Hause geh'n.

Krambuden hier in langen Reih'n!
Die Krämer schrei'n: Kauft ein! kauft ein!
Gedräng und Lärm, Musik und Sang —
Sollt Einem werden angst und bang.

O welch Vergnügen aller Art!
Und wer sein Geld noch hat gespart,
Der kann's verreiten hier gar schnell:
Er setzt sich auf das Karussell.

August Heinrich Hoffmann von Fallersleben

O *’zapft is! Auf eine friedliche Wies’n* (»Es ist angezapft! Auf ein friedliches Oktoberfest«)! Mit diesen Worten gilt das Münchner Oktoberfest, das größte Volksfest der Welt, als eröffnet. Wenn danach auf der Treppe der Bavaria zwölf Böllerschüsse abgegeben worden sind, ist gewissermaßen auch der Startschuss für die Wirte gekommen, mit dem Ausschank des Bieres beginnen zu dürfen. Der offizielle Auftakt das Festes findet allerdings schon am Vormittag ab 10.45 Uhr mit dem traditionellen Einzug der Wiesenwirte und ihrer Familien und den von Kaltblutpferden gezogenen Prachtgespannen der Münchner Brauereien statt. Darauf folgen Schützenvereine, historische Trachtengruppen, Musikkapellen, Spielmannszüge und Fahnenschwinger aus aller Herren Länder, die zuvor durch die ganze Münchner Innenstadt zur Theresienwiese, dem Schauplatz des Spektakels, gezogen sind.

Gefeiert wird in den 21 großen und 17 kleinen Bierzelten, die von 144 Gastronomen bewirtet werden; zahlreiche Bands versetzen die Gäste in Stimmung. Von einigen Brauereien wird ein spezielles Festbier gebraut, das eine Stammwürze von mindestens 13,5 Prozent aufweisen muss und ca. 5,8 bis 6,4 Prozent Alkohol enthält. Je nach der Menge des Konsums lässt es die Stimmung steigen, infolgedessen die Gäste schunkeln, auf den Bänken singen und tanzen. Daneben dienen unter anderem halbe Hendl, Brezn, Schweinshaxe mit Knödel, Weißwürste, Presssack, Steckerlfischerl, Radi, Wurstsalat, Käse und Obatzte dazu, die Grundlage für das nächste Maß zu erneuern.

An die 200 Schaustellerbetriebe sorgen für Unterhaltung; darunter tragen etwa 80 Fahrgeschäfte von der Achterbahn über das Kettenkarussell bis zum Riesenrad zum Amusement der Gäste bei.
Wer Lust bekommen hat, das nächste Münchner Oktoberfest zu besuchen, stellt mit Erstaunen fest, dass es gar nicht im Oktober, sondern schon, wie bereits seit mehr als einhundert Jahren, am Samstag nach dem 15. September beginnt und am ersten Sonntag im Oktober endet. Seit 2000 gilt zudem folgende Regel: Wenn der 1. oder 2. Oktober ein Sonntag ist, wird das Fest bis zum Tag der Deutschen Einheit am 3.Oktober verlängert. Damit dauert es mindestens 16 und höchstens 18 Tage. Der Grund dafür ist ein simpler: Im frühherbstlichen, meist sonnigen September feiert es sich angenehmer als im oft regenreichen bayrischen Oktober.

Das erste Oktoberfest 1811 hatte allerdings tatsächlich im Oktober stattgefunden. Es geht auf ein Pferderennen am 17. Oktober 1810 zurück, das anlässlich der Hochzeit von Kronprinz Ludwig von Bayern und Prinzessin Therese von Sachsen-Hildburghausen am 12. Oktober 1810 zu den fünftägigen Feierlichkeiten gehört hatte. Der Vorname der Prinzessin führte dann auch zur Benennung der »Theresienwiese«, auf der das Fest nach wie vor stattfindet, kurz »Wies’n« genannt. Inzwischen verbreiten Oktoberfeste mit Bier und Blasmusik, mit Dirndl und Lederhos’n nicht nur in ganz Deutschland Partylaune und gute Stimmung, sondern rund um die Welt: von den Vereinigten Staaten bis Chile und Brasilien, von Japan bis Abu Dhabi. Sie gelten auch dort mit Bier, Bratwurst und Brezn als ausgesprochen cool und trendy.

Das Münchner Oktoberfest ist nicht das einzige große Herbstfest in Deutschland. Millionen Besucherinnen und Besucher zählt auch das Stuttgarter Pendant, »Wasen« genannt oder auch Cannstatter Volksfest, das ebenfalls auf das 19. Jahrhundert zurückgeht und Ende September bis Anfang Oktober stattfindet. Haben das Münchner Oktoberfest und die Cannstatter Wasen auch säkulare Ursprünge, so knüpfen sie an Formen des Volksfestes an, die eine lange Tradition haben und Jahrhunderte lang mit der »Kirchweihe« oder »Kirmes« verbunden waren. Um den Jahrestag der Weihe oder am Gedenktag des Namenspatrons der örtlichen Kirche bildete sich oft ein Jahrmarkt und Volksfest, so dass am Ende »Kirmes« oder im Schweizerdeutschen »Chilbi« zum Synonym für Jahrmarktsfeste überhaupt wurde. Ein bedeutendes Kirchweihfest lebt bis in unsere Zeit, die »Fürther Michaeliskärwa«. Die Michaeliskirche in Fürth ist seit dem 12. Jahrhundert belegt, und noch heute wird die »Michaeliskirchweihe« als großes Volksfest zwölf Tage lang nach dem Festtag des Erzengels Michael (29. September) als großes Volksfest gefeiert.

Michaelistag
(29. September)

Sankt Michael

Den Drachen du ergriffen hast,
Sankt Michael!
und unter deinen Fuſs gefasst.
Hilf uns im Streite,
zum Sieg uns leite,
Sankt Michael!

Friedrich von Spee

Was für ein Drama: »Da entbrannte im Himmel ein Kampf; *Michael* und seine Engel erhoben sich, um mit dem Drachen zu *kämpfen*. Der Drache und seine Engel kämpften, aber sie konnten sich nicht halten und sie verloren ihren Platz im Himmel. Er wurde gestürzt, der große Drache, die alte *Schlange*, die *Teufel* oder *Satan* heißt und die ganze Welt verführt; der Drache wurde auf die Erde gestürzt, und mit ihm wurden seine Engel hinabgeworfen.« So steht es geschrieben im vielleicht geheimnisvollsten Buch der Bibel, der »Geheimen Offenbarung des Johannes«. Zum Glück geht die Geschichte, unseren Vorstellungen nach, gut aus: Der Erzengel Michael bezwingt den Satan, der hier in der Gestalt eines Drachens auftritt.

Im Volksglauben gilt der Erzengel Michael also als Bezwinger des Teufels, aber zugleich auch als Seelenwäger. Er legt zu Lebzeiten der Menschen ein Verzeichnis über ihre guten wie schlechten Taten an. Wenn sie verstorben sind, geleitet er die Seelen ins Jenseits. Er urteilt, wem das Paradies offensteht oder wer in die ewige Verdammnis eingehen wird. Von daher wird der Erzengel Michael in der Ikonografie oft mit den Attributen einer Balkenwaage als Seelenwaage und einem Flammenschwert dargestellt. In diesen vielfachen Funktionen, die dem Erzengel Michael zugeschrieben werden, wird deutlich, dass er neben den drei anderen Erzengeln Gabriel, Rafael und Uriel oft als der ranghöchste verstanden wird. Er ist sowohl im Judentum, im Christentum als auch im Islam ein gefeierter Heiliger, Namensgeber und Schutzpatron. Sein Name ist hebräischen Ursprungs und heißt übersetzt: »Wer ist wie Gott?«

Sankt Michael Die älteste bekannte Kirche, die dem Erzengel Michael geweiht worden ist, wurde unter Kaiser Konstantin im vierten Jahrhundert im Ostteil des Römischen Reiches nahe Konstantinopel errichtet. Im Westen entstand die erste Michaelskirche kurze Zeit darauf in Rom, belegt ist sie für das Jahr 435. Ihr Weihedatum, der 29. September, wurde daraufhin von Papst Gelasius I. 493 für die ganze Kirche des Westens zum Michaelsfeiertag. Überliefert ist auch, dass der fränkische König Ludwig der Fromme im 8. Jahrhundert den 29. September als Festtag des Erzengels propagiert habe, um ein christliches Gegengewicht gegen herbstliche Feiern zu Ehren des germanischen Gottes Wotan zu schaffen, der herbstliche Gerichtstag wurde auf den 29. September gelegt. Die Ostkirche feiert den Erzengel dagegen am 8. Oktober. Für die Verehrung Michaels in der römischen Kirche wurde die Legende von Bedeutung, wonach der Erzengel im sechsten Jahrhundert während einer schlimmen Pestzeit auf Bitten von Papst Gregor dem Großen die Stadt vor der Seuche rettete, indem er mit seinem Schwert über dem Mausoleum des Kaisers Hadrian erschien. Daraufhin gab der Papst dem Mausoleum den Namen »Engelsburg«. Das Gebäude am Tiberufer, das noch heute zu den Attraktionen Roms zählt, ziert seit dem 18. Jahrhundert eine bronzene Engels-Statue des flämischen Künstlers *Peter Anton Verschaffelt* (1710–1793).
Während in der jüdischen Mystik Michael der Völkerengel Israels ist, hat ihn im Christentum der »deutsche Michel« als Nationalpatron gewählt. Als der fränkische König Otto in der »Schlacht auf dem Lechfeld« (955) unter dem Banner des Erzengels Michael die ungarischen Magyaren abwehrte, sicherte er sich nicht nur die Kaiserkrone, sondern stellte das ganze »Heilige Römische Reich« unter die Schutzherrschaft Michaels, seitdem gilt der Erzengel als Schutzpatron Deutschlands.

Zahlreiche Bräuche, die um den Michaelistag entstanden, waren germanischen Ursprungs wie Erntefeste, Gesindewechsel oder Jugendumzüge und Jahrmärkte. Vor allem in

Süddeutschland hat sich die Michaelskirchweih zu einem beliebten Fest entwickelt. Am bekanntesten ist wohl der Dürkheimer Michaelismarkt, auch Wurstmarkt genannt, oder die Fürther Michaelskirchweihe (*siehe Volksfeste im Herbst*).
Am Vorabend des Michaelstages wurde einstmals ein Feuer entzündet; es symbolisierte, dass man in den Handwerksstuben nun wieder Licht für die Arbeit brauchen würde: Der Herbst begann. Der Tag war in den meisten Gemeinden arbeitsfrei und wurde mit einem Lichtfest feierlich begangen, an dem der Gutsherr oder Bauer sein Gesinde zum Essen einlud. In angelsächsischen Gegenden setzte sich als Hauptgericht ein Gänsebraten durch; vielerorts gab es zugleich auch Michaelswecken, süße, aus Hefeteig geformte Gebildbrote zu genießen. In Schottland lud man Verwandte und Bekannte ein und kredenzte dazu *Sruthan Mhìcheil,* einen süßen Fladen, der zu gleichen Teilen aus Gerste, Hafen und Roggen bereitet wurde: Wer etwas davon gegessen hatte, so der Glaube, würde von nun an vom Erzengel Michael behütet werden.

Wie Weihnachten und der Johannistag (Wintersonnenwende und Sommersonnendwende) haben auch Ostern und der Michaelistag eine astronomische Entsprechung: Ostern, der erste Sonntag nach dem Frühlingsvollmond, steht in zeitlicher Nähe zur Frühlings-Tag-und-Nacht-Gleiche, der Michaelitag zur Herbst-Tag-und-Nacht-Gleiche. Dieser astronomische Termin, auch *Äquinoktium* genannt, bezeichnet den Tag, an dem der Zenitstand der Sonne von der südlichen auf die nördliche Halbkugel wandert (Frühling) und umgekehrt (Herbst). Der Grund, dass der Sonnenstand über der Erde nicht immer gleich ist, liegt darin, dass die Erdachse geneigt ist. Wäre die Achse der Erde in rechtem Winkel zur Sonne, gäbe es keine Jahreszeiten auf der Erde. Astronomisch gesehen steht der herbstliche Michaelistag also in gewisser Entsprechung zum frühlingshaften Osterfest. Auch die inhaltliche Nähe beider Feste lässt sich unschwer erkennen: Der heilige Michael bekämpft den Teufel – und Jesus besiegt den Tod. Damit sind die satanischen, lebensbedrohlichen Mächte endgültig bezwungen.

In der anthroposophischen Philosophie *Rudolf Steiners* (1861–1925) bildet das Michaelsfest, zusammen mit St. Martin (11. November) und der Nikolausfeier (6. Dezember) eine Dreiheit, die auf Weihnachten hinführt. Der Erzengel Michael steht hier für den Mut, Sankt Martin für das Mitgefühl und der heilige Nikolaus für das Gewissen. Mit den jüngeren Schülerinnen und Schülern der Waldorfschulen wird am Michaelstag üblicherweise ein Schulfest veranstaltet, an dem allerlei Mutproben zu bestehen sind, wie einen Drachen zu besiegen. Letztlich soll dadurch die innere Stärke wachsen, um sich dem Leben kämpferisch stellen zu können und es so zu bestehen.

Du Michael, Siegreicher,
ich gehe den Kreis meines Lebensweges
unter deinem Schilde.
Du Licht meines Auges,
ich schreite meinen Lebensweg
in der Gemeinschaft mit den Heiligen
über die kalten Hügel der Heide.
Und ob ich fahre über den Ozean
oder über die harten Gefilde der Erde,
kein Leid kann mich befallen
unter dem Schutz deines Schildes.
Altes irisches Gebet

Erntedankfest

Wir pflügen und wir streuen den Samen auf das Land,
doch Wachstum und Gedeihen steht in des Himmels Hand:
der tut mit leisem Wehen sich mild und heimlich auf
und träuft, wenn heim wir gehen, Wuchs und Gedeihen drauf.

Er sendet Tau und Regen und Sonn- und Mondenschein
und wickelt seinen Segen gar zart und künstlich ein
und bringt ihn dann behende in unser Feld und Brot,
es geht durch unsre Hände, kommt aber her von Gott.

Matthias Claudius

Erntefeste hat es in der bäuerlichen Bevölkerung wohl immer gegeben. Bereits in der Hebräischen Bibel wird berichtet, wie Kain »von den Früchten des Ackers dem Herrn ein Opfer brachte«. Zu den bedeutendsten jüdischen Festen zählen seit biblischen Zeiten Erntefeste, nämlich *Pessach* oder *Mazzot,* das jüdische Osterfest, zur Zeit der ersten Gerstenernte, *Schawuot,* das Wochenfest fünfzig Tage nach Pessach, zur Zeit der Weizenernte und *Sukkot,* das Laubhüttenfest, zur Weinlese. Die Erstlingsfrüchte der Ernte wurden als dankbare Gabe dargebracht.
Aus solchen Erntefesten, wie sie als Opferfeste auch von den Griechen und Römern bekannt sind, entwickelten sich im Christentum seit dem 3. Jahrhundert Erntedankfeiern, die zunächst auf keinen einheitlichen Termin festgelegt waren.
Gemäß einem Erlass Friedrichs II. von Preußen im Jahr 1773 wird das Fest in den evangelischen Kirchen Deutschlands am ersten Sonntag nach Michaelis (29. September) begangen. Für die katholische Kirche hat die Deutsche Bischofskonferenz 1972 den ersten Sonntag im Oktober für Erntedankgottesdienste festgelegt, deren Feier aber nicht verpflichtend ist. Auch die evangelische Kirche feiert heutzutage Erntedank am ersten Oktobersonntag (auch dann, wenn der Sonntag nach dem Michaelitag noch in den September fällt, also der 30. September ein Sonntag ist).
In gewissem Sinn verbindet Erntedank alle Menschen darin, für die Gaben der Schöpfung dankbar zu sein. Wer als Glaubender die Schöpfung mit all ihrer Fülle sowie das eigene Leben als von Gott gegeben ansieht, erkennt darin auch einen Grund, dem Schöpfer für die Vielfalt der Gaben, durch die er täglich satt werden darf, zu danken. Aus diesem Grund verbindet das Pendant in den Vereinigten Staaten, der »Thanksgiving Day« (gefeiert am vierten Donnerstag im November) Menschen aller Religionen und über Religionsgrenzen hinweg und wurde noch vor Weihnachten zum wichtigsten Familienfest. Bei uns werden die Altäre der Kirchen am Erntedanksonntag, je nach Region, symbolisch mit Ähren, Brot und Weintrauben sowie Blumen geschmückt, mancherorts werden die Altarräume zudem mit Gemüse und Früchten kunstvoll ausgestaltet. In ländlichen Gegenden folgte dem Gottesdienst früher eine Erntefeier mit Musik und Tanz.
In welcher Region auch immer, steht hierzulande der Dank und die Bitte um das »täglich Brot« im Mittelpunkt:

Danke
für das Samenkorn im Acker,
für die Ähren auf dem Felde,
für das Brot auf dem Tisch.
Danke
für die Menschen, die daran
beteiligt sind, dass ich jeden Tag
satt werden darf.
Christa Spilling-Nöker

Hildegard-Brot

Zutaten:
400 g Dinkelmehl
150 g Buchweizenmehl
1 Tasse Saaten (Flohsamen, Sesam, Sonnenblumenkerne, Walnüsse)
2 Teelöffel Salz
2–3 Esslöffel Obstessig
25 g Frischhefe
½ l warmes Wasser
Wer möchte, kann das Brot natürlich auch würzen:
mit magenfreundlichem Kümmel, stärkender Pelargoniengewürzmischung oder getrockneten Rosenblättern oder Rosenwasser – einer Kostbarkeit

Hefe mit warmem Wasser verrühren. Alle Zutaten kneten, Masse in gefettete Kastenform geben und nicht mehr gehen lassen. Im vorgeheizten Ofen etwa 1 Stunde bei 220 Grad backen.
Annette Heizmann, Der Hildegard-Code

Wilhelm Busch greift mit dem folgenden Gedicht eine Situation auf, in der jemand ziemlich unzufrieden mit seinem Leben ist und schildert darin den anstrengenden Weg eines Weizenkorns, das nach langen Prozeduren zum Brot wird.

Er saſs beim Frühstück äuſserst grämlich,
Da sprach ein Krümchen Brot vernehmlich:
»Aha, so ist es mit dem Orden
Für diesmal wieder nichts geworden.
Ja, Freund, wer seinen Blick erweitert
Und schaut nach hinten und nach vorn,
Der preist den Kummer, denn er läutert.
Ich selber war ein Weizenkorn.
Mit vielen, die mir anverwandt,
Lag ich im rauhen Ackerland.
Bedrückt von einem Erdenkloſs,
Macht' ich mich mutig strebend los.
Gleich kam ein alter Has gehupft
Und hat mich an der Nas gezupft.
Und als es Winter ward, verfror,
Was peinlich ist, mein linkes Ohr.
Und als ich reif mit meiner Sippe,
O weh, da hat mit seiner Hippe
Der Hans uns rutschweg abgesäbelt
Und zum Ersticken festgeknebelt
Und auf die Tenne fortgeschafft,
Wo ihrer vier mit voller Kraft
In regelrechtem Flegeltakte
Uns klopften, daſs die Schwarte knackte.
Ein Esel trug uns nach der Mühle.
Ich sage dir, das sind Gefühle,
Wenn man, zerrieben und gedrillt
Zum allerfeinsten Staubgebild,
Sich kaum besinnt und fast vergiſst,
Ob Sonntag oder Montag ist.
Und schlieſslich schob der Bäckermeister,
Nachdem wir erst als zäher Kleister
In seinem Troge baſs gehudelt,
Vermengt, geknetet und vernudelt,
Uns in des Ofens höchste Glut.
Jetzt sind wir Brot. Ist das nicht gut?
Frischauf, du hast genug, mein Lieber,
Greif zu und schneide nicht zu knapp,
Und streiche tüchtig Butter drüber,
Und gib den andern auch was ab!
Wilhelm Busch, Das Brot

Allerheiligen – Allerseelen – Halloween

Das Glück von gestern
ist nicht für alle Zeit
verloren.
Der Tod kann
nur die äußere Gestalt
zerstören,
doch das Wesentliche bleibt –
lacht und weint
und träumt in dir.

Christa Spilling-Nöker

Ein Fest für die Toten

Bisher war in diesem Buch von einigen Heiligen die Rede – und von dem Brauchtum, das sich um ihr feierliches Gedenken entwickelt hat: im Dezember um die »Adventsheiligen« Barbara, Nikolaus und Lucia, um Valentin, den Schutzpatron der Liebenden, Johannes den Täufer zur Sommersonnenwende, den Erzengel Michael zur Herbst-Tag-und-Nacht-Gleiche und einige andere. Nicht nur, weil viel mehr Frauen und Männer in der katholischen Kirche als Heilige verehrt werden, als es Tage im Jahr gibt, sondern auch, um alle »unbekannten« Heiligen zu ehren, deren Namen niemand kennt: Dafür hat man am »Allerheiligentag« (1. November) ein »Hochfest« eingerichtet, an dem aller Heiligen gedacht wird: sowohl derer, die offiziell heiliggesprochen worden sind, ganz gleich, ob sie einen eigenen Gedenktag haben oder nicht – und darüber hinaus auch all derer, »um deren Heiligkeit niemand weiß als Gott«. Am Tag darauf, dem »Allerseelentag«, ist der Gedenktag aller Toten – für viele der Tag, an dem an verstorbene liebe Menschen aus der Familie und dem Freundeskreis erinnert wird.

Die Wurzeln des Allerheiligenfestes liegen in einer Gedenkfeier für Märtyrer, also für Christinnen und Christen, die in den römischen Verfolgungen hingerichtet wurden und starben. Ein solcher Gedenktag war bereits im 4. Jahrhundert in Syrien und Griechenland bekannt und wurde am ersten Sonntag nach Pfingsten begangen. In den orthodoxen Kirchen ist dieser Termin für das Allerheiligenfest erhalten geblieben. Papst Gregor IV. verlegte den Feiertag im Jahr 835 auf den 1. November.
Ob dabei ein altes keltische Totenfest eine Rolle spielt und der Versuch, seine Bräuche zu ersetzen oder mit einem christlichen Festtag zu verbinden, ist historisch ungewiss. Das Samhain-Fest der Kelten wurde bereits seit 500 v. Chr. am 31. Oktober gefeiert.
Nach dem Verständnis der irischen Kelten war das Jahr in zwei Zeiten eingeteilt: in den Sommer und den Winter. Mit dem 31. Oktober endete der Sommer: Die Ernte musste eingefahren und Vorräte für den Winter bereitgestellt sein. So wurde *Samhain* sowohl als Erntedankfest gefeiert wie zugleich als Übergang von dem fruchtbringenden Sommer hin zu der Dunkelheit des Winters mit ausgelassenen Festen begangen.
An *Samhain* wurde auch der Verstorbenen gedacht. Nach keltischer Vorstellung stiegen ihre Seelen in dieser Nacht als Geister in die reale Welt hervor, um allerlei Schaden anzurichten und vor allem die Lebenden zu erschrecken und zu belästigen. Diese wiederum stellten Opfergaben, sogenannte *soul cakes* vor die Tür, um die Geister zu beschwichtigen. Durch die Opferrituale hatte das Fest ursprünglich also einen spirituellen Charakter. Zudem entwickelte sich der Brauch, sich mithilfe von Masken und Kostümen zu verkleiden, damit die Geister einen nicht erkannten. Uns ist dieser Brauch heute als »Halloween« vertraut, der Name leitet sich her von dem Begriff »All Hallows Evening« – dem »Abend vor Allerheiligen«.

Am Vorabend von Allerheiligen entwickelten sich im Mittelalter Heischebräuche: Man bekam ein Stück »Seelenkuchen« – ein Stück Hefekuchen mit Rosinen oder Korinthen – wenn man versprach, für die verstorbenen Angehörigen zu beten. Besonders typisch für die schwäbische Region sind die salzigen Seelenbrote, die es inzwischen das ganze Jahr über zu kaufen gibt.

Seelen

Zutaten:
für 8 bis 10 Stück:
500 g Mehl
1/8 l Milch
1/8 l Wasser
30 g Hefe
1 Prise Zucker
130 g weiche Butter
2 TL Salz
Kümmel
grobes Salz

Das Mehl in eine Schüssel sieben, in die Mitte eine Mulde drücken. Die Hefe in einen Becher bröseln, eine Prise Zucker dazugeben, die Milch erwärmen, die Hefe in der Hälfte der Milch auflösen und in die Mulde geben. Mit etwas Mehl verrühren. Mit einem Tuch bedeckt ca. 20 Minuten an einem warmen Ort gehen lassen. In der restlichen Milch die Butter zerlassen und das Salz dazugeben. Die Mehl-Hefe-Mischung mit den Knethaken des Rührgeräts durchkneten. Dabei langsam die Butter-Milch-Mischung und das Wasser dazugeben. Den Teig etwa 10 bis 15 Minuten durchkneten, bis er Blasen wirft und sich vom Schüsselrand löst; zugedeckt noch 1 bis 2 Stunden gehen lassen. Den Backofen auf 200 Grad C (Umluft 180 Grad C, Gas Stufe 3 bis 4) vorheizen. Ein Backblech mit Backpapier auslegen. Den Teig mit den Händen noch einmal gut durchkneten und daraus 8–10 tennisballgroße Kugeln formen; diese zu langen Stangen ausziehen, die in der Mitte dicker sind und an den Enden spitz zulaufen. Die Teigstangen auf das Backblech legen, mit Kümmel oder auch zusätzlich mit grobkörnigem Salz bestreuen und noch 15 Minuten gehen lassen. Die Teigstangen 25 Minuten im Ofen backen.

Mit Messen und Friedhofsbesuchen wird am 1. und 2. November das Andenken der Heiligen geehrt und der Toten gedacht. An diesen Tagen ist es üblich, die Gräber der Verstorbenen zu besuchen, mit Blumen zu schmücken und ein »ewiges Licht« aufzustellen. Seit dem 6. Jahrhundert hatte sich in der westlichen Kirche die Vorstellung ausgebildet, dass die Verstorbenen nach dem Tod eine Zeit der »Reinigung« (im »Fegefeuer«) verbringen, bevor sie zum Himmel zugelassen werden. Aus dieser Vorstellung hat sich ein bereits im heidnischen Totenkult wurzelndes Brauchtum entwickelt. So hoffte man, durch Fürbitten, Fasten, Messopfer, das Schmücken der Gräber, durch Almosen und gute Werke die Qualen der Verstorbenen im Fegefeuer zu lindern und umherirrende Seelen zur Ruhe bringen zu können. Kirchlicherseits bestätigt wurden diese Brauchformen durch das Konzil von Trient (1563).
Als gute Tat verstanden wurde, wenn an diesem Tag Arme, Nonnen, Mönche und Patenkinder mit allerlei Gebäck, wie zum Beispiel mit Seelenbroten, Mürbegebäck oder Gebildbroten, beschenkt wurden. In manchen Regionen Oberösterreichs erhalten auch heute noch viele Kinder an diesem Tag von ihren Paten ein solches, oft zum Zopf geflochtenes Gebäck aus Brioche- oder Hefeteig, in welchem manchmal als Überraschung noch ein Geldstück steckt.

Sabina hatte ihre Arbeit eine Zeitlang unterbrochen und half ihren reichen Verwandten beim Backen von Brot und Dolci, die jede Nuoreser Hausfrau [Nuoro: Stadt in Sardinien], die etwas auf sich hält, für das Allerheiligenfest zubereitet. Schon im Morgengrauen machte Maria Feuer, setzte den Sauerteig an und stellte Mandeln, Most und Honig bereit […] Gegen Abend hörten die Frauen mit ihrer Arbeit auf; das Brot und die Dolci legten sie in einen Asphodeloskorb [geflochtener Korb aus Affodil-Zweigen]. Die warme Küche roch nach Most und Rosinen.
Grazia Deledda, Zia Maria, Roman einer Liebe (1896)

Altem Volksglauben nach stiegen die Seelen der Verstorbenen an Allerseelen aus dem Fegefeuer zur Erde auf, um für einen Tag von den Qualen auszuruhen. Eine Parallele haben christliche Vorstellungen von den »Armen Seelen« in einer alten jüdischen Legende, nach der die Seelen jeden Freitagabend aus der *Scheol,* der höllischen Unterwelt der Sünder, für den Sabbat freigelassen wurden. Da man die Vorstellung hatte, dass die armen Seelen dann in einem fließenden Wasser sitzen, um sich von der Marter zu kühlen, tranken fromme Juden am Sabbat

kein Wasser, um den Wasserspiegel nicht zu senken und den Gequälten nicht die Erquickung zu mindern. So stellte man auch am Allerseelentag den Armen Seelen Speise und Trank (Milch, Wasser, Brosamen) hin und richtete im Haus alles so ein, dass sie sich erholen, von den Brandwunden kühlen – oder bei erlittener »kalter Pein« am Herdfeuer wärmen konnten.

Da wird in der Steiermark an diesem Tag keine Tür und kein Tor etwa gewaltsam zugeschlagen, aus Furcht, eine arme Seele zu zerquetschen. Da wird kein Messer auf dem Rücken, kein Rechen mit der Zinken nach oben liegen gelassen, aus Vorsicht, daſs nicht irgendeine arme Seele darüber stolpere, sich ritze oder schneide. Auch darf an diesem Tag keine leere Pfanne über dem Feuer stehen, damit sich nicht unversehens eine arme Seele hineinsetze und elend verbrenne. Ferner ist es unstatthaft, einem Frosch oder einer Kröte etwas zuleid zu tun, da man nicht wisse, ob nicht eine arme Seele in Gestalt dieser Tiere an ihrem Tage sichtbar werde.
Peter Rosegger (1843–1918)

Jack O'Lantern und Halloween

Durch irische Auswanderer gelangte das keltische Brauchtum des Totenfestes in den 1840er-Jahren in die Vereinigten Staaten und gewinnt seit einigen Jahren auch in Deutschland an Popularität. Oft wird »Halloween» allerdings – ohne jeden spirituellen Hintergrund – als reine Gruselparty verstanden. Schon bald entstand auch in den Vereinigten Staaten für die Kinder ein Heischebrauch: Mit dem Ruf »Trick or Treat« (Süßes oder Saures) ziehen sie von Haus zu Haus, um Süßigkeiten zu ergattern; denen, die eine solche Gabe verweigern, wird ein Streich gespielt.

Eine alte irische Halloween-Legende erzählt: Vor langer Zeit lebte in Irland ein alter, geiziger Hufschmied, der Jack hieß. An einem Abend vor Allerheiligen saß er einmal wieder in der Kneipe, als der Teufel kam, um ihn zu holen. Da bat Jack ihn, ihm ein Bier zu spendieren. Der Teufel willigte ein; Jack trank sein Bier, doch als es ans Bezahlen ging, stellte der Teufel fest, dass er keine Münzen dabeihatte.
Aus dieser Verlegenheit heraus verwandelte er sich in eine Sixpence-Münze. Hastig griff Jack danach und steckte es in seine Geldbörse. Da er darin auch ein kleines silbernes Kreuz verwahrte, war es dem Teufel nicht möglich, sich zurückzuverwandeln. Jack verhandelte mit dem Teufel: Wenn er ihn noch zehn Jahre leben ließe, würde er ihn freilassen. Dem Teufel blieb gar nichts anderes übrig als auf den Handel einzugehen.
Zehn Jahre später, wiederum am Abend vor Allerheiligen, erschien der Teufel ein zweites Mal bei Jack, um ihn zu holen. Wiederum hatte Jack eine Bitte: Er würde so kurz vor seinem Tod gerne noch einen Apfel essen. Der Teufel ging auch auf diesen Wunsch ein und kletterte sogar selbst in den Apfelbaum, um ihm einen frischen Apfel zu pflücken. Schnell zog Jack sein Messer hervor und schnitzte ein Kreuz in die Rinde des Baumes. »Was verlangst du dieses Mal«, fragte der Teufel wütend. »Dass du mich ganz in Ruhe lässt«, forderte Jack. Als der Teufel ihm das Versprechen gegeben hatte, entfernte Jack das Kreuz aus der Rinde, sodass der Teufel verschwinden konnte.
Als Jack viele Jahre später starb, begab er sich zum Himmelstor und bat um Einlass. Da er jedoch zu vielen Menschen gemein und hinterhältig gewesen war, wurde er abgewiesen. Also machte er sich zur Hölle auf. Da der Teufel ihm aber versprochen hatte, ihn nicht zu holen, wurde ihm auch dort der Eintritt verwehrt.
Der Teufel schickte ihn fort, doch weil es zwischen Himmel und Hölle kalt und windig war, bekam er Mitleid mit Jack. Er nahm ein Stück glühender Kohle aus dem Höllenfeuer

und gab es dem Armen. Doch die Kohle war so heiß, dass Jack sie kaum anfassen konnte. Er nahm eine Rübe aus der Tasche, die er sich als Wegzehrung eingesteckt hatte, höhlte sie geschwind mit einem Messer aus und legte die Kohle hinein. Seitdem geistert *Jack O'Lantern* mit seiner Laterne am Abend vor Allerheiligen durch die Nacht.
Da in Amerika nicht so viele Rüben angebaut wurden wie bei den Kelten, höhlte man Kürbisse aus. Solche ausgehöhlten und beleuchteten Kürbisse stehen an Halloween auch in Deutschland vor so manchem Haus.

Christas Kürbisschaumsüppchen

Zutaten für vier Personen:
500 g Kürbisfleisch vom Hokkaidokürbis
2 Schalotten
1 Knoblauchzehe
30 g frischer Ingwer
1 rote Chilischote
1 Zweig Rosmarin
2 Zweige Thymian
30 g Butter
500 ml Gemüsefond
200 ml trockener Weißwein
2 TL Salz
2 TL Zitronensaft
1 Prise Cayennepfeffer
150 ml Sahne
1 Gewürzsieb für die Kräuter.
Für die Garnitur:
2 EL geschälte Kürbiskerne
1 EL Kürbiskernöl
2 EL Crème fraîche
2 TL gehackte Petersilie

Den Hokkaidokürbis aufschneiden, die Samen entfernen und das Fruchtfleisch mit Schale in Stücke schneiden. Die Schalotten, den Knoblauch und den Ingwer ebenfalls schälen und würfeln, die Chilischote waschen, aufschneiden, entkernen (Handschuhe!) und zerkleinern. Die Butter in einem großen Topf erhitzen und die Schalotten- und Knoblauchwürfel darin anschwitzen. Den Kürbis, die Chilischote und den Ingwer dazugeben und kurz mit anschwitzen. Mit Wein und Gemüsefond ablöschen und alles einmal aufkochen lassen. Die Hitze reduzieren. Das Gewürzsieb mit den Kräutern (Rosmarinnadeln, Thymianzweige) in den Sud hängen und mit köcheln lassen. In der Zwischenzeit die Kürbiskerne in einer Pfanne bei mittlerer Hitze – ohne Fettzugabe – anrösten. Nach ca. 15–20 Minuten gesamter Garzeit das Gewürzsieb aus dem Topf nehmen und die Suppe pürieren. Die Sahne unterrühren und alles noch einmal kurz aufkochen lassen. Mit Salz, Cayennepfeffer und Zitronensaft abschmecken und mit dem Stabmixer aufschäumen. Die Suppe in Suppenschalen füllen, jeweils einen TL Crème fraîche darauf geben, mit den Kürbiskernen, Petersilie und einigen Tropfen Kürbiskernöl garnieren.

Sankt-Martins-Tag (11. November)

Sankt Martin ritt durch Schnee und Wind,
sein Ross, das trug ihn fort geschwind.
Sankt Martin ritt mit leichtem Mut,
Sein Mantel deckt ihn warm und gut.

Im Schnee, da saſs ein armer Mann,
Hat Kleider nicht, hat Lumpen an;
»O helft mir doch in meiner Not,
Sonst ist der bittre Frost mein Tod.«

Sankt Martin zieht die Zügel an,
Das Ross steht still beim armen Mann,
Sankt Martin mit dem Schwerte teilt,
Den warmen Mantel unverweilt.

Sankt Martin gibt den halben still,
Der Bettler rasch ihm danken will,
Sankt Martin aber ritt in Eil
Hinweg mit seinem Mantelteil.

Vom Niederrhein, 19. Jahrhundert

Herbstliches Lichterfest

Der Jahreskreis von Advent zu Advent beginnt mit dem Fest eines Heiligen und Vorbilds der Güte, dem heiligen Nikolaus. Und er endet mit einem anderen Vorbild der Menschlichkeit, dem heiligen Martin, dem Patron des »Teilens«.
Erinnern Sie sich noch daran, als Sie früher am 11. November mit anderen Kindern zusammen am Abend des Martinstages mit einer Laterne in der Hand losgezogen sind und ein Martinslied gesungen haben? Aber wer war der Martin, den man hier besungen und später heiliggesprochen hat?
Anfang des 4. Jahrhunderts war Martin in der römischen Provinz Sabaria an der Donau geboren worden. Aufgrund eines kaiserlichen Edikts, nach dem die Söhne von Berufssoldaten in die römische Armee eingezogen wurden, diente er – gegen seinen Willen – bereits seit seinem fünfzehnten Lebensjahr als Soldat. Obwohl er noch nicht getauft war, gestaltete er sein Leben nach dem Gebot der christlichen Nächstenliebe.
Der Geschichtsschreiber *Severus Sulpicius* begann bereits zu Lebzeiten Martins dessen Biografie zu verfassen und berichtet, dass Martin eines Tages auf dem Weg nach Armenien, als er nur seinen Soldatenmantel trug und außer seinen Waffen nichts bei sich hatte, einem armen unbekleideten Mann begegnete, der angesichts der bitteren Kälte zu erfrieren drohte. Martin zögerte nicht lange, schnitt mit dem Schwert seinen Mantel entzwei, gab dem Bettler die eine Hälfte und hüllte sich notdürftig in die andere. Die Umherstehenden lachten und spotteten über ihn. In der folgenden Nacht träumte er von einem Bettler, der mit dem halben Mantel bekleidet war, den er dem armen Mann geschenkt hatte. Dann hörte er eine Stimme: »Martinus hat mich mit diesem Mantel bekleidet.« Für Sulpicius ist diese Geschichte ein Beispiel für die Botschaft von Jesus Christus, wie sie das Matthäusevangelium überliefert: »Was ihr einem meiner geringsten Brüder getan habt, das habt ihr mir getan.«

Martin ließ sich im Alter von achtzehn Jahren taufen, verließ die römische Armee und lebte fortan einige Jahre als Missionar, bevor er 361 in Ligugé das erste Kloster Galliens gründete, in dem er selbst ein frommes und bescheidenes Büßerleben führte. 371/372 wurde er zum Bischof von Tours gewählt. Einer weiteren Legende nach soll er zunächst versucht haben, sich dieser Würde zu entziehen, indem er sich in einem Gänsestall versteckt hielt. Doch die Gänse verrieten ihn durch ihr lautes Geschnatter. Im Jahr 375 rief er das Kloster Marmoutier bei Tours ins Leben, dessen Schule an bedeutendem Einfluss gewann. Am 8. November 397 starb Martin auf einer Seelsorgereise und wurde drei Tage später, am 11. November begraben. Nach seinem Tod wurde Martins Leichnam auf einem Boot mit Laternen in die Bischofsstadt Tours überführt: darin liegt der Ursprung des Martinstages als Laternenfest. Martin von Tours wurde schon zu seinen Lebzeiten verehrt und zählt zu den ersten Vorbildern, die nicht als Märtyrer starben und doch als heilig verehrt wurden. Der Martinskult breitete sich zunächst im Osten des fränkischen Reiches, dann aber in vielen Gegenden aus.

Bei den Martinsumzügen reitet eine »Heiligengestalt«, häufig von einem Bettler begleitet, voraus. Dem folgt eine singende Kinderschar mit Lampions in den Händen. Nach den Martinsumzügen beginnen die sogenannten Heischegänge der Kinder, auf denen sie von Haus zu Haus ziehen, um nach dem Singen von Martinsliedern Süßigkeiten zu erbitten.
In der katholischen Kirche ist der Laternenumzug am Martinstag Teil der Lichtsymbolik, die sich durch die Zeit von Allerheiligen / Allerseelen über den Advent und Weih-

nachten bis Epiphanie und Mariä Lichtmess (2. Februar) erstreckt. In evangelisch geprägten Regionen finden die Laternenumzüge oftmals bereits am 10. November, dem Geburtstag von Martin Luther, zu Ehren des Reformators statt. Aus diesem Grund wurde das »Martinisingen«, anders als das Nikolausbrauchtum, auch fester Bestandteil im protestantischen Kalender. Heutzutage feiern katholische und evangelische Gemeinden vielfach gemeinsame Laternenumzüge; mancherorts finden solche im Herbst mittlerweile auch ohne kirchlichen Bezug als »Laternenfest« statt.

Martinsgans – Martinswein – Martinshörnchen

Wann der heilge Sankt Martin
Will der Bischofsehr entfliehn,
Sitzt er in dem Gänsestall
Niemand findt ihn überall,
Bis der Gänse grofs Geschrey
Seine Sucher ruft herbey.

Nun dieweil das Gickgackslied
Diesen heilgen Mann verrieth,
Dafür thut am Martinstag
Man den Gänsen diese Plag,
Dafs ein strenges Todesrecht
Gehn mufs über ihr Geschlecht.

Drum wir billig halten auch
Diesen alten Martinsbrauch,
Laden fein zu diesem Fest
Unsre allerliebste Gäst
Auf die Martinsgänslein ein,
Bey Musik und kühlem Wein.

Simon Dachs, Zeitvertreiber, 1700

Weshalb die Gans am Martinstag auf den Tisch kommt, ist ungewiss. Zu Martini wurden in der Regel die Tiere geschlachtet, die man aus Kostengründen nicht den ganzen Winter über füttern konnte – und dazu gehörten eben auch die Gänse. Zudem hatte der 11. November seine Bedeutung als Rechtstermin: An diesem Tag wurde der Pachtzins an die Grundherren entrichtet – und gemästete Gänse waren eine bevorzugte Zinsbeigabe. Eine andere Erklärung des Gänseessens geht darauf zurück, dass man in heidnischen Zeiten an Vegetationsgottheiten glaubte: Mit der Gans wurde gleichsam der Sommer geschlachtet. Damit verbanden sich allerlei abergläubische Vorstellungen: Von zweien, die versuchten, den V-förmigen Brustknochen der Gans zu zerbrechen, würde demjenigen ein Wunsch in Erfüllung gehen, der das größere Stück ergattert hatte. Auch der Farbe des Knochens wurde tiefere Bedeutung zugeschrieben: War er hell und blass, verhieß das einen kargen und kalten Winter; war er von kräftiger roter Farbe, so reichten die Vorräte für den Winter aus und man wurde von Hungersnot verschont.

Traditionelles Schwarzsauer von Gänseklein

Zur Vermehrung dieses Gänsekleins kann man auch ganz gut Schweinefleisch darunter nehmen; wenn Beides zusammen gut geschäumt und weich gekocht ist, werden geschälte und in vier Theile geschnittene Birnen, genommen, und mit der Brühe des Gänsekleins in einer Kasserolle weich und kurz eingekocht. Es können auch kleine Klößchen, in Wasser abgekocht, zu den Birnen gegeben und statt des frischen Obstes Backobst genommen werden. Hernach wird das Blut der Gans durch ein Sieb in einen hohen Topf gegossen, mit gestoßenem Gewürz, Nelken, Zucker, einigen Löffeln Mehl und etwas Weinessig gut durchgequirlt zu den Birnen gethan, worin sie unter öfterem Umschwenken etwas einkochen müssen, dann wird das Fleisch auf die Anrichteschüssel gelegt und die Birnen darüber gegeben.
Marie Schreiber, Berliner Kochbuch, 1832

Das gesellschaftliche Leben ruhte während dieser Spätherbsttage; man erholte sich von den Strapazen der Sommer-Saison und stärkte sich für die Wintergesellschaften. Aber ehe diese kamen, war noch ein mehrwöchiges Interregnum durchzumachen, die Schlacht- und Backzeit, die Letztere schon mit der Weihnachtszeit zusammenfallend.
Mit dem Gänseschlachten fing es an. Eine reguläre Wirtschaftsführung ohne Gänseschlachten konnte nicht wohl gedacht werden. Es handelte sich dabei um mancherlei, zunächst wohl um die Federn zur Herstellung immer neuer Fremdenbetten, vor allem aber auch um die geräucherten Gänsebrüste, die fast so wichtig waren wie die Schinken und Speckseiten im Rauchfang … Diese Schlachtzeit war nämlich zugleich auch die Zeit, wo das aus Gänseblut zubereitete »Schwarzsauer« tagtäglich auf unseren Tisch kam, ein Gericht, das nach pommerscher Anschauung, alles andere aus dem Felde schlägt. Auch mein Vater hielt es für seine Pflicht, sich dieser landestümlichen Anschauung anzuschlieſsen, und sagte, wenn die dampfende Riesenschüssel erschien: ›Ah, das ist recht; davon eſst nur; das ist die Schwarze Suppe der Spartaner; alles Saft und Kraft‹, er selber aber suchte sich, gerade so wie wir, das Backobst und die Mandelklöſse heraus und überlieſs die Kraftbrühe der Gesindeschaft drauſsen …«
Theodor Fontane, Meine Kinderjahre (1893)

Wenn wir am Martinstag eine Gans verspeisen, trinken wir sicher gern ein Glas Wein dazu. So war es Brauch seit alters her, wie es schon der Ritter *Oswald von Wolkenstein* im 14. Jh. formuliert hat: »Trink Martein wein und gens iss.« Aber während wir gern einen ›guten Jahrgang‹ genießen, trank man früher am Sankt-Martins-Tag jungen Wein, für dessen Genuss die Weinfässer am St. Martins-Tag geöffnet wurden. Von daher wird auch von Martinswein, Martinstrunk oder Martinsminne gesprochen. Der Begriff »Minne« bedeutet hier so viel wie »im Gedenken«. *Sebastian Franck* (1499–1542) schreibt in seinem »Weltbuch« über die Franken:

Erstlich loben sy Sanct Martin mitt guotem wein, genſsen bis sy voll werden. Unselig ist das hauſs, das nit auff deſs nacht ein gans zuo eſsen hat, da zepffen sy yre neüwen wein an, die sy biſsher behalten haben.

Neben Martinsgans und Martinswein gehören auch die aus Mürbe- oder Hefeteig in Hufeisenform gebackenen Martinshörnchen zu den kulinarischen Spezialitäten des 11. November. Eine besondere Delikatesse ist in Polen das »Posener Martinshörnchen«, eine Art süßes Croissant mit einer Füllung aus weißem Mohn, Datteln, Feigen und Rosinen. Hinter den »Hörnchen« steht möglicherweise altes germanisches Brauchtum. Der Schicksals- oder auch Totengott Odin (Wodan) erschien im Winter auf einem Pferd, das oft als Schimmel dargestellt wurde. Pferde waren auch seine liebsten Opfertiere. Die christlichen Missionare versuchten, wie bei anderen Bräuchen und Festen auch hier, das Brauchtum mit einem neuen, christlichen Festinhalt zu verbinden. So wurde zum einen der heilige Martin als »Schimmelreiter« dargestellt und ersetzte somit möglicherweise den germanischen Gott Wodan. Zum anderen aber wurde das Opfern von Pferden und damit zugleich der Verzehr von Pferdefleisch – in früher germanischen Ländern bis heute hin – weitgehend tabuisiert. In den hufeisenförmigen Martinshörnchen lebt vielleicht noch die Erinnerung an die alte religiöse Bedeutung der Pferde fort.

Christas Martinsgans mit Maronenfüllung und Bratäpfeln

Zutaten
für 4–6 Personen:
1 küchenfertige Gans von ca. 4–4 ½ kg
20 g Butterschmalz
Salz
schwarzer Pfeffer aus der Mühle
1 EL frischer fein gehackter Majoran
1 TL gerebelter Beifuß
zusätzlich:
20 g Butter
2 EL Kastanienhonig
eine Prise Cayennepfeffer
150 ml Weißwein
300 ml Geflügelfond
Speisestärke

Für die Füllung:
1 EL Butterschmalz
3 EL frischer fein gehackter Majoran
1 EL frischer gehackter Thymian
3 rote Zwiebeln
600 g Maronen (vorgegart)
4 EL weißer Balsamico
1 Lorbeerblatt
Pfeffer aus der Mühle
Salz

Für die Bratäpfel:
4–6 kleine säuerliche Äpfel
2 EL Honig
2 EL gehackte Mandeln
3 EL Preiselbeeren (aus dem Glas)
3 EL Rumrosinen
eine Prise Zimt

Zubereitung der Füllung: Die Zwiebeln in feine Würfel schneiden. Das Butterschmalz in einer Pfanne erhitzen und die Zwiebeln darin glasig dünsten. Die Maronen dazu geben, mit dem Essig ablöschen, das Lorbeerblatt zufügen, die gehackten Kräuter unterrühren, alles kurz ziehen lassen und mit Salz und Pfeffer würzen.

Zubereitung der Gans: Die Gans kalt abspülen, gut trocken tupfen und außen wie innen kräftig mit Salz und Pfeffer, innen zugleich mit dem gehackten Majoran und dem gerebelten Beifuß einreiben. Die Füllung in die Bauchhöhle der Gans geben und die Bauchöffnung mit Schaschlikspießen und Küchengarn verschließen. Das Butterschmalz in der Fettpfanne des Backofens flüssig werden lassen und mit dem Pinsel gleichmäßig verteilen. Die gefüllte Gans darauflegen und in den auf 150 Grad C Ober- und Unterhitze vorgeheizten Backofen geben. Nach 2 Stunden 80 ml Weißwein und 120 ml Geflügelfond angießen, die Hitze auf 130 Grad C reduzieren und die Gans weitere 1½ Stunden braten. Den Backofen ausschalten, die Backofentür öffnen und die Gans noch 15–20 Minuten ziehen lassen. Die Gans aus dem Ofen nehmen und auf den Backofenrost legen. Während des gesamten Bratvorgangs die Gans immer wieder einmal mit dem Bratfond aus der Fettpfanne begießen. Den Backofen auf 220 Grad C Umluft aufheizen. 40 g Butter flüssig werden lassen und mit 2 EL Kastanienhonig verrühren, mit etwas Cayennepfeffer würzen. Ein Backblech in die unterste Schiene des Ofens setzen und den Backofenrost mit der Gans darüber schieben. Die Gans mehrfach mit der Butter-Honig-Mischung bepinseln und so lange weiterbraten, bis sie schön braun ist (ca. 10–12 Minuten). Zwischendurch das Fett vom Bratensatz abschöpfen. Den Bratensatz durch ein Sieb geben, den restlichen Geflügelfond und Weißwein dazugeben, alles aufkochen, etwas einreduzieren und mit Salz und Pfeffer abschmecken. Mit 1 bis 2 TL in wenig Wasser aufgelöster Speisestärke binden.

Zubereitung der Bratäpfel: Die Äpfel waschen und das Kerngehäuse ausstechen. Die Mandeln mit den Preiselbeeren, dem Honig, den Rosinen und dem Zimt mischen und die Äpfel damit füllen. Die Äpfel ganz in Alufolie hüllen und in eine oder mehrere kleine feuerfeste Formen (z. B. aus Keramik oder Edelstahl) setzen. (Für sechs Äpfel die Füllmenge entsprechend erhöhen). Die Garzeiten von Äpfeln sind sehr unterschiedlich. Bei deutschen Tafeläpfeln empfiehlt es sich, die Förmchen schon nach einer Stunde Garzeit der Gans mit in die Fettpfanne zu setzen und mit zu schmoren, bis die Gans auf den Bratrost gelegt wird, also insgesamt 2 ½ Stunden. Die Bratäpfel in der Alufolie lassen, bis die Gans serviert wird, dann vorsichtig aus der Folie nehmen und zusammen mit der Gans und der Füllung anrichten. Dazu passen Kartoffelknödel und Rotkohl.

»Himmlische Zeiten«
Zum Ausklang

Freude

Freude soll nimmer schweigen.
Freude soll offen sich zeigen.
Freude soll lachen, glänzen und singen.
Freude soll danken ein Leben lang.
Freude soll dir die Seele durchschauern.
Freude soll weiterschwingen.
Freude soll dauern
Ein Leben lang.

Joachim Ringelnatz

Himmlische Zeiten«: Tatsächlich hat unsere Zeit sehr viel mit dem »Himmel« zu tun, rührt doch die Einteilung der dahinfließenden Zeit in eine Woche aus sieben Tagen vom Mondzyklus her (vier mal sieben Tage). Der älteste Beleg für die Sieben-Tage-Woche kommt aus dem alten Babylonien und seiner astronomischen Weisheit. Dort wurde jeder der Wochentage einem sichtbaren Himmelskörper zugeordnet: Sonne (Sonntag), Mond (Montag), Mars (Dienstag), Merkur (Mittwoch), Jupiter (Donnerstag), Venus (Freitag), Saturn (Samstag).
Das Besondere der biblisch-jüdischen Tradition ist: einen Wochenfeiertag festzulegen (jüdisch der siebte Tag, der Sabbat, später christlich der Sonntag), an dem festtägliche Arbeitsruhe gilt:

Am siebten Tag vollendete Gott seine Werke, die er machte, und ruhte am siebenten Tage von allen seinen Werken, die er machte.
Und Gott segnete den siebenten Tag und heiligte ihn, denn an ihm hatte er geruht von allen seinen Werken, die Gott schuf und machte.
Am siebenten Tage ist der Sabbat des Ewigen, deines Gottes. Da sollst du keine Arbeit tun noch dein Sohn noch deine Tochter noch dein Knecht noch deine Magd noch dein Ochse noch dein Esel noch all dein Vieh noch dein Fremdling, der in deinen Toren ist, damit dein Knecht und deine Magd Ruhe findet so wie du.
Die Bibel,
Aus dem ersten und fünften Buch Mose

So wiederholt sich der Rhythmus des Lebens zwischen Arbeitsalltag und Feiertag jede Woche.

Auch das Jahr ist geprägt von dem Wechsel zwischen Arbeit und Fest. Viele Feste unseres christlichen Kulturkreises haben vorchristliche Vorgänger, denn die meisten von ihnen haben einen Bezug zum sichtbaren »Himmel«: der Frühlingsvollmond (Ostern), die Wintersonnenwende (Weihnachten), die Sommersonnenwende (Johanni), die Tag-und-Nacht-Gleiche im Herbst (Michaeli).
Für die genannten Beispiele spielt das Licht eine große Rolle: die Freude daran, wenn die Tage länger und die Nächte kürzer werden und das Sonnenlicht wiederkehrt.
Die christliche Ausgestaltung der Feste hat sie mit Jesus Christus verbunden, seiner Geburt, seinem Leben und Tod und seiner Auferstehung zum Leben und mit Geschichten von Menschen, die versucht haben, nach seinem Beispiel zu leben. Für Christinnen und Christen ist dieses Beispiel das »innere Licht«, das all den »Licht-Tagen« des Jahres ihren tiefen Sinn gibt und sie »himmlisch« macht.
»Tradition ist nicht das Hüten der Asche, sondern das Weitergeben der Flamme« (Thomas Morus). Was sich an festlichen Zeiten mit Bräuchen und Rezepten im Laufe der Jahrhunderte herausgebildet hat, will nicht in toter Form, als »Asche«, wie im Museum gehütet und bestaunt werden, sondern soll wie ein Schatz von Generation zu Generation mit Leib und Seele wieder neu erworben und weitergegeben werden. Nur so kann es lebendig bleiben und als »Flamme« auch in der nächsten Generation zünden.
Wer in diese überlieferten Bräuche »hineinschmeckt«, wird spüren, wie sehr es entlastet, nicht alles selbst neu erfinden zu müssen. Wie viel Freude es bringt, sich gemeinsam in einen Rhythmus des Lebens einzuschwingen und mitnehmen zu lassen, sich an überlieferte Rituale anzulehnen und sie mit der Gegenwart des eigenen Lebens neu zu füllen. Was altes Brauchtum war, kann auf diese Weise neu lebendig, kreativ gestaltet und weiterentwickelt werden.
Dann werden aus Fest- und Feiertagen – »Himmlische Zeiten«.

Textquellenverzeichnis

S. 24: Marianne von Willemer, Brief an J. W. von Goethe vom 29. Januar 1832, zit. nach: Goethe-Willemer-Briefwechsel. Hg. von Hans-J. Weitz, Frankfurt am Main 1986, 267.

S. 26: Wilhelm von Kügelgen: zitiert nach: Marianne Bernhard, Altes Brauchtum. Von Lichtmeß bis Dreikönig, München 1985, 199f.

S. 26: Vgl. dazu Gisela Schütte, Die spezielle Hamburger Weihnachtsgeschichte, veröffentlicht in: »Die Welt« vom 24. Dez. 2009.

S. 38: Aus: Theodor Vernaleken, Mythen und Bräuche des Volkes in Oesterreich, Wien 1859, Nr. 18, 337.

S. 44: Aus: Thomas Mann, Buddenbrooks © 2002, S. Fischer Verlag GmbH, Frankfurt am Main.

S. 45: Rezept »Karpfen in Biersauce«, nach: Klaus Teuber, Alte böhmische Küche.

S. 46: Zit. nach: Koch- und Backrezepte aus Großmutters Zeit, Ein kulinarisches Lesebuch mit 850 Rezepten. Hg. von Roland W. Fink-Henseler, Bindlach 1996, 294.

S. 47: Zit. nach: Rudolf Holzer, Aus dem alten Gastein. Die Geschichte einer Familie, Bergland-Buch, 1957.

S. 54/56: Aus: Eugen Ruge, In Zeiten des abnehmenden Lichts © 10. Aufl. 2011, Rowohlt Verlag GmbH, Hamburg, S. 245 f.

S. 56: Aus: Heinz Erhardt, Das große Heinz-Erhardt-Buch © 2009 Lappan Verlag GmbH, Oldenburg.

S. 56–57: Aus: Thomas Mann, Buddenbrooks © 2002, S. Fischer Verlag GmbH, Frankfurt am Main.

S. 58: Aus: Otto Schlißke, »Apfel, Nuss und Mandelkern«. Was unsere Advents- und Weihnachtsbräuche eigentlich bedeuten, Neukirchen-Vluyn [8]1988, 42.

S. 77: Aus »The Parliament of Fowls« von Geoffrey Chaucer (1342–1400), nach der deutschen Übertragung von Adolf von Düring (1883).

S. 82–83: Zit. nach: Michael Kirchschlager, Ich will ein guter Koch sein. Küchengeheimnisse des Mittelalters und der Renaissance. Rezepte, Gewürze, Anekdoten, Arnstadt 2004.

S. 83: »Fränkisches Fastnachtshuhn: Familie Gottschlich, Marktplatz 6, 97239 Aub, Tel.: 09335/90106, Fax: 09335/90107 Internet: www.goldenes-lamm.de / e-mail: lamm@goldenes-lamm.de. Siehe auch: www.landrunde.de.

S. 88: Nach: Lorenz Wiehlputz, Alte rheinische Küche, Erftstadt 2003.

S. 92: Nach: Klaus Teuber, Alte Schweizer Küche, Köln 2007.

S. 92: Aus: Franziska Haber / Hans Heyn, Drudenhax und Allelujawasser. Volksbrauch im Jahreslauf © Rosenheimer Verlagshaus ISBN 978-3-475-52119-5.

S. 99: Zit. nach: Koch- und Backrezepte aus Großmutters Zeit. Ein kulinarisches Lesebuch mit 850 Rezepten. Hg. von Roland W. Fink-Henseler, Bindlach 1996, 162.

S. 99–100: Abraham a Santa Clara, zitiert nach: Koch- und Backrezepte aus Großmutters Zeit. Ein kulinarisches Lesebuch mit 850 Rezepten. Hg. von Roland W. Fink-Henseler, Bindlach 1996, 157ff.

S. 102: Zit. nach Klaus Teuber, Alte schwäbische Küche, Köln 2004, 47.

S. 109: Aus: Lothar Zenetti: Auf Seiner Spur. Texte gläubiger Zuversicht (Topos 327), Ostfildern, 4. Auflage 2006.

S. 110: Zit. nach Josef Imbach, Geheimnisse der kirchlichen Küchengeschichte, Düsseldorf 2008, 130.

S. 113: Leo Lindenblatt, zit. nach Paul Löcher / Reinhard Abeln (Hg.), Wie's einstens war zur Osterzeit, Ostfildern 1982.

S. 116: Aus: https://www.lwl.org/pressemitteilungen/nr_mitteilung.php?urlID=13495

S. 119: Christa Spilling-Nöker, aus: Vom Segen der Frühlings- und Osterzeit, Eschbach 2014, 13.

S. 123–124: Osterkuchen-Rezept: Germanisches Nationalmuseum Nürnberg, Handschrift hs 15039 (16. Jh.).

S. 134–135:Zit. nach: Blauweiß in Schimpf und Ehr, Lust und Leid, Rosenheim [3]1991.

S. 151/153: Aus Victor Hugo, Les Miserables, in der deutschen Übersetzung von Gustav Adolf Volchert (1910), in heutige Rechtschreibung gesetzt.

S. 167: Zit. nach: Hans-Jürgen Hufeisen, Vierzehn Engel um mich stehn. Schutzengel und andere himmlische Boten, Eschbach 2019, 30.

S. 171: Rezept nach: Annette Heizmann, Der Hildegard-Code. Neun heilsame Wege, Ostfildern 2020, 39. © Verlagsgruppe Patmos der Schwabenverlag AG, Ostfildern.

S. 178: Zit. nach: Hermann Kirchhoff, Christi Himmelfahrt bis Sankt Martin im christlichen Brauchtum, München 1986.

Trotz sorgfältiger Recherchen von Verlag und Autorin konnten nicht alle zitierten Texte nachgewiesen werden. Im Fall berechtigter urheberrechtlicher Ansprüche wird der Abdruck bei Nachweis gegebenenfalls nachhonoriert.

Abbildungsnachweis

Fotografien (nach Abfolge der Seiten)

Bruna Branco / unsplash 4 | yuzu / shutterstock.com 11 | Rido / shutterstock.com | Charles Brutlag / shutterstock.com 16 | Halfpoint / shutterstock.com 19 | Wolfilser / shutterstock.com 17 | bzzup / shutterstock.com 33 | rontav / shutterstock.com 35 | donnie rosie / unsplash 37 | annie spratt / unsplash 40 | jonathan borba / unsplash 43 | zi3000 / shutterstock.com 44 | Anselm Baumgart / shutterstock.com 48 | amberto-4ka / shutterstock.com 51 | Elena Trukhina / shutterstock.com 55 | Syda Productions / shutterstock.com 57 | Finken & Bumiller, Stuttgart 59 | Achim Ruhnau / unsplash 60 | Finken & Bumiller, Stuttgart 65 | Jiri Hera / shutterstock.com 67 | Hihitetlin / shutterstock.com 69 | Markus Nowak / KNA-Bild 74 | Natalia Ruedisueli / shutterstock.com 75 | Heather Mount / unsplash 79 | VanoVasaio / shutterstock.com 80 | VanoVasaio / shutterstock.com 85 | KarepaStock / shutterstock.com 85 | Ana B. Garcia Sanchez / shutterstock.com 91 | Podolnaya Elena / shutterstock.com 93 | diamant24 / shutterstock.com 94 | Olya Detry / shutterstock.com 96 | Thoom / shutterstock.com 98 | Benita Kuszpit / shutterstock.com 103 | Lumixera / shutterstock.com 107 | 108 Ilaria Boulevard / unsplash 108 | Shaiith / shutterstock.com 115 | Yannick Pulver / unsplash 117 | JasminkaM / shutterstock.com 118 | Monika Grabkowska / unsplash 122 | Finken & Bumiller, Stuttgart 125 | Neirfy / shutterstock.com 126 | Andrea Leopardi / unsplash 128 | Orla / shutterstock.com 131 | Shalima Haidar / unsplash 132 | Dadalan Real / unsplash 135 | Natallia Harahliad / shutterstock.com 136 | Kathi Kuschera /Blog www.frag-die-oma.at 137 | Heather Barnes / unsplash 138 | Christina Rumpf / unsplash 141 | Foxxy63 / shutterstock.com 143 | Arno Senoner / unsplash 144 | Finken & Bumiller, Stuttgart 147 | Nathan Lindahl / unsplash 144 | Matthew Feeney / unsplash 152 | Corina Rainer / unsplash 153 | Jack Jelly / shutterstock.com 155 | bodrumsurf / shutterstock.com 156 | alicja neumiler / shutterstock.com 159 | Patrick Langwallner / unsplash 160 | Yury Dmitrienko / shutterstock.com 163 | Ciurtin R. Georgiana / shutterstock.com 164 | Foxys Forest Manufacture / shutterstock.com 168 | Monika Grabkowska / unsplash 171 | Patryk Kosmider / shutterstock.com 172 | Jeremy Iwanga / unsplash 175 | Finken & Bumiller, Stuttgart 177 | Rick Monteiro / unsplash 179 | Monika Grabkowska / unsplash 180 | Blaz Photo / unsplash 181 | Romrodphoto / shutterstock.com 182 | Diözesanmuseum Rottenburg 184 | Liliya Kandrashevich / shutterstock.com 188 | Greg Rosenke / unsplash 193 |

Illustrationen (in der Reihenfolge der Grafiker)

9comeback / shutterstock.com 165 | alicedaniel / shutterstock.com 157 | AlyonaZhitnaya / shutterstock.com 8, 13, 29, 42 | anastasiaromb / shutterstock.com 173 | Angelina Bambina / shutterstock.com 163 | Anna Tyukhmeneva / shutterstock.com 151 | Ardea-studio / shutterstock.com 9, 10, 12, 21, 26, 28, 39, 52, 56, 67, 76, 140, 145, 146, 147, 169, 183, 191 | avian / shutterstock.com 161 | Bibadash / shutterstock.com 15, 17, 18, 20, 24, 25 | canbedone / shutterstock.com 71 | Colorlife / shutterstock.com 53, 54, 59, 66, 112 | Curly Roo / shutterstock.com 30, 31, 32, 33, 34, 36 | Dariia Baranova / shutterstock.com 81, 181 | Designsoul / shutterstock.com 70 | elodea.proteus / shutterstock.com 121 | 124 Finken & Bumiller, Stuttgart 124, 149 | Gaulois_s / shutterstock.com 192 | GoodStudio / shutterstock.com 46, 136, 139, 140 | great19 / shutterstock.com 170 | johavel / shutterstock.com 104 | KsanaGraphica / shutterstock.com 111, 153 | Lemberg Vector studio / shutterstock.com 158, 159 | LENNAMATS / shutterstock.com 110 | mayrisio / shutterstock.com 95, 97, 114 | mentalmind / shutterstock.com 49 | Natata / shutterstock.com 154 | natchapohn / shutterstock.com 101 | NGvozdeva / shutterstock.com 184 | nikiteev_konstantin / shutterstock.com 187 | Noli Molly / shutterstock.com 62, 63, 69, 98, 99, 100 | Packaging-Monster / shutterstock.com 119 | RioRita / shutterstock.com 151 | Roman Borodaev / shutterstock.com 76 | Romanova Ekaterina / shutterstock.com 133, 134 | Rostik Solonenko / shutterstock.com 109 | selisegator / shutterstock.com 72, 74 | StockSmartStart / shutterstock.com 120 | TabitaZn / shutterstock.com 64, 143 | Tashadraw/ shutterstock.com 45 | vectortatu / shutterstock.com 41, 61 | Vovmar / shutterstock.com 38, 47 | Yuliia Konakhovska / shutterstock.com 129

Literaturverzeichnis

J. Neil Alexander, Advent, in: Religion in Geschichte und Gegenwart (RGG[4]), Band 1, Tübingen 1998, Sp. 126f.

Michael Barczyk, Essen und Trinken im Barock. Oberschwäbische Leibspeisen, Sigmaringen [2]1990.

Marianne Bernhardt, Altes Brauchtum. Von Lichtmeß bis Dreikönig, München 1985.

Manfred Becker-Huberti, Feiern, Feste, Jahreszeiten, Freiburg i. Br. 2001.

Ders., Lexikon der Bräuche und Feste. Sonderausgabe, Freiburg 2007.

Karl-Heinrich Bieritz, Das Kirchenjahr. Feste, Gedenk- und Feiertage in Geschichte und Gegenwart, München [2]1988.

Ders., Fasten / Fastentage IV. Christentum 2. Katholisch, 4. Evangelisch, in: RGG4, Band 3, Tübingen 2000, Sp. 42–44.

Brauchtum im Oldenburger Land. Hg. von der Arbeitsgemeinschaft Volkstum und Brauchtum in der Oldenburgischen Landschaft, bearbeitet von Hans Dirks, Oldenburg 1985.

Inge Carius, Gebildbrot-Brauchtum im Jahres- und Lebenslauf. Königstein/Taunus 1982.

Henriette Davidis, Illustriertes praktisches Kochbuch für die bürgerliche und feine Küche. Neu bearbeitet von Helene Faber, 1912

Henriette Davidis / Ida Schulze (Hg.), Das neue Kochbuch für die deutsche Küche, Bielefeld und Leipzig [2]1934.

Hans-Dieter Döpmann, Die orthodoxen Kirchen, Berlin 1991.

Wolfgang U. Eckart, Von Gänsen, Karpfen, Lebkuchen und Stollen. Deutsche Medizinische Wochenschrift 2003, Jg. 128, 2691–2694, Stuttgart und New York 2003.

»Es kommt ein Schiff«, 1954. Wegweiser-Schriftenreihe für Ost-West-Begegnung – Kulturheft Nr. 40, hg. vom Ministerium für Arbeit, Gesundes und Soziales, Düsseldorf.

Maria Exenberger / Fritz Breit (Hg.), Das Kochbuch aus Tirol, Münster 1988.

Fasching in Bayern. Mit Bildern von Josef Wahl, Text und Zusammenstellung von Reinhold Esterer, München 1987.

Eugen Fehrle, Feste und Volksbräuche im Jahreslauf europäischer Völker, Kassel 1955.

Peter Fuchs / Max Leo Schwering, Kölner Karneval, Band 1, Köln 1972.

Goethe-Willemer, Briefwechsel, Hg. Hans-J.Weitz, Frankfurt a. M., 1986.

Franziska Hager / Hans Heyn, Drudenhax und Allelujawasser. Volksbrauch im Jahreslauf, Rosenheim o. J.

Walter Hartinger, Fastnacht, in: RGG4, Band 3, Tübingen 2000, Sp. 47f.

Walter Heim / Thomas Perler, Christliches Brauchtum gestern und heute, Freiburg Schweiz 1985.

Andreas Heinz, Weihnachten I. Geschichtlich 1. Entstehung, in: RGG4, Band 8, Tübingen 2005, Sp. 1335f.

Ders., Weihnachten I. Geschichtlich 2. Verbreitung, in: RGG[4], Band 8, Tübingen 2005, Sp. 1336f.

Norbert Henrichs, Kult und Brauch im Kirchenjahr, Düsseldorf 1967.

Karl Heussi, Kompendium der Kirchengeschichte, Tübingen [12]1971.

Rudolf Holzer, Aus dem alten Gastein, Die Geschichte einer Familie, Salzburg–Stuttgart 1957.

Anna Huber, Die vollständige Fastenküche oder praktische Anleitung zur Bereitung von Fastenspeisen, Regensburg [5]1876, Reprint München 1984.

Hans-Jürgen Hufeisen, Vierzehn Engel um mich stehn, Eschbach 2019.

Josef Imbach, Geheimnisse der kirchlichen Küchengeschichte, Düsseldorf 2008.

Ders., Von reichen Prassern und armen Schluckern. Geschichten aus Küche, Kirche und Kultur, Düsseldorf 2007.

Die Jugend großer Deutscher. Hg. von Rudolf K. Goldschmit-Jentner, Leipzig 1941.

Alfred Kall, Kirchenjahr und Brauchtum. Materialbuch für den Religionsunterricht, München 1988.

Hermann Kirchhoff, Christliches Brauchtum. Feste und Bräuche im Jahreskreis, München 1995.

Ders., Christi Himmelfahrt bis Sankt Martin im christlichen Brauchtum, München 1986.

Michael Kirchschlager, Ich will ein guter Koch sein. Küchengeheimnisse des Mittelalters und der Renaissance, Arnstadt 2004.

Die Klosterküche von Wörishofen. Hg. von den Schwestern des Dominikanerinnenklosters Wörishofen, Bad Wörishofen 1926.

Kurt Koch, Grundpfeiler des Glaubens. Vom Sinn der christlichen Feste. Lesebuch zum Kirchenjahr, Freiburg i. Br. 1992.

Kochbuch der Haushaltungs- und Kochschule des Badischen Frauenvereins, Karlsruhe 1918.

Gründliches Kochbuch bey Joh. Andreas Brinhaußer, Augsburg 1792, Reprint München 1989.

Nürnberger Kochbuch. Praktische Anweisung aller Arten Speisen und Getränke auf die schmackhafteste und wohlfeilste Art zuzubereiten von Margaretha Rosenfeld. Siebente und verbesserte Auflage, Nürnberg 1886.

Wohleingerichtetes Koch-Buch für alle Liebhaber der Kocherey, Zweytes Bändgen, Hall in Schwaben anno 1784.

Aus Kochbüchern des 14. bis 19. Jahrhunderts. Unter Mitarbeit von Renate Ertl und Angelika Schmitt hg. von Hugo Stopp, Heidelberg 1980.

Koch- und Backrezepte aus Großmutters Zeit. Hg. von Roland W. Fink-Henseler, Bindlach 1996.

Hanna Kronberger-Frentzgen, Die alte Kunst der süßen Sachen. Backformen und Waffeleisen vergangener Jahrhunderte, Hamburg 1959.

Kulinarisch literarisch. Dichter über das Kochen, Backen und Genießen, Ostfildern 2014.

Schlesische Küche, Regionale Küche mit Tradition, Köln o. J.

Johannes Künzig, Alemannisch-schwäbische Fasnet, Freiburg i. Br. [3]1989.

Jürgen Küster, Wörterbuch der Feste und Bräuche im Jahreslauf, Freiburg i. Br. 1985.

Kulinarisch literarisch, Dichter über das Kochen, Backen und Genießen, Ostfildern 2014.

Peter Limbach, So feiert Köln Karneval, Köln 1999.

Paul Löcher (Hg.), Wie's einstens war zur Weihnachtszeit, Ostfildern 1979.

Paul Löcher / Reinhard Abeln (Hg.), Wie's einstens war zur Osterzeit, Ostfildern 1982.

Friederike Luise Löffler, Neues Stuttgarter Kochbuch, Stuttgart 1922.

Ernst-Otto Luthardt, Von der Martinsgans zum Dreikönigskuchen, 2004.

Werner Mezger, Das große Buch der Rottweiler Fastnacht, Vöhrenbach 2004.

Ders., Das große Buch der schwäbisch-alemannischen Fasnet, Stuttgart 1999.

Ders., Karneval, in: RGG4, Band 4, Tübingen 2000, Sp. 825f.

Joachim Nagel, Zu Gast bei Goethe. Der Dichterfürst als Genießer, München [2]1999.

Dr. Oetker's Schulkochbuch, Ausgabe D, Bielefeld 1937.

Susanne Poltrock (Hg.), Von A wie Advent bis Z wie Zimtsterne, Gütersloh 2006.

Joseph Ratzinger / Benedikt XIV. Der Segen der Weihnacht. Meditationen, Freiburg i. Br. [2]2005.

Klemens Richter, Feste und Brauchtum im Kirchenjahr. Lebendiger Glaube in Zeichen und Symbolen, Freiburg i. Br. 1992.

Marx Rumpolt, Ein new Kochbuch, Frankfurt a. M. 1581.

Dieter Sauermann, Ostern in Westfalen, Münster 1986.

Luise Schlesselmann, Die christlichen Jahresfeste und ihre Bräuche. Hintergründe zum Feiern mit Kindern, Stuttgart 1992.

Josef Schlicht, Blauweiß in Schimpf und Ehr, Lust und Leid, Rosenheim [3]1991.

Otto Schlißke, »Apfel, Nuß und Mandelkern«. Was unsere Advents- und Weihnachtsbräuche eigentlich bedeuten, Neukirchen-Vluyn [8]1988.

Sybil Gräfin Schönfeldt, Das große Ravensburger Buch der Feste und Bräuche. Durch das Jahr und den Lebenslauf, Ravensburg [9]1993.

Dies., 2000 Jahre Weihnachten, Freiburg i. Br. u. a. 1998.

Dies., Weihnachtsgans und Lichterglanz, Zürich-Hamburg [2]2004

Dies., »Feine Leute kommen spät …« oder Bei Thomas Mann zu Tisch. Tafelfreuden im Lübecker Buddenbrookhaus, Zürich / Hamburg 1995 / 2004.

Dies., Gastlichkeit in üppigen und sparsamen Zeiten. Wanderungen durch Theodor Fontanes Eßlandschaften, Zürich / Hamburg 2005.

Dies., Gestern aß ich bei Goethe. Bilder einer neuen Gastlichkeit, Zürich / Hamburg [2]2005.

Sybil Gräfin Schönfeldt / Stefan und Marie-Luise Lemke Pricken, Das große Ravensburger Weihnachts-Buch, Ravensburg 1990.

Marie Schreiber, Berliner Kochbuch für bürgerliche Haushaltungen von 1839, Reprint Berlin 1979.

Sei mir gegrüßt, mein Sauerkraut. Hundert kulinarische Gedichte. Hg. von Walter Hansen, Berlin 2012.

Christa Spilling-Nöker, Vom Segen der Frühlings- und Osterzeit, Eschbach 2014.

Klaus Teuber, Alte böhmische Küche, Köln 2006.

Ders., Alte schwäbische Küche, Köln 2004.

Ders., Alte Schweizer Küche, Köln 2007.

Angelika Thol-Kauke, Kochen durch das Kirchenjahr. Bräuche und Rezepte, Berlin 1996.

Urgroßmutters Kochbuch: Aus dem Kochbuch der Frau Rath Schlosser. Hg. von Alexander von Bernus, Frankfurt a. M. 1980.

Rüdiger Vossen, Weihnachtsbräuche in aller Welt, Hamburg [4]1991.

Christoph Wagner, Vom Neujahrsschwein zur Weihnachtsgans, Wien 1998.

Ingeborg Weber-Kellermann, Das Weihnachtsfest. Eine Kultur- und Sozialgeschichte der Weihnachtszeit, Luzern / Frankfurt a. M. 1978.

Theodor Vernaleken, Mythen und Bräuche des Volkes in Österreich, Wien 1859.

Lorenz Wiehlpütz, Alte rheinische Küche, Köln 2003.

Alois Wierlacher, Vom Essen in der deutschen Literatur. Mahlzeiten in den Erzähltexten von Goethe bis Grass, Stuttgart u. a. 1987.

Christina Zacker, Großmutters Wissen, Die schönsten Feste und Bräuche im Jahreslauf, Stuttgart 2006.

Zur Autorin

Dr. Christa Spilling-Nöker, geboren in Hamburg, Pfarrerin der badischen Landeskirche a. D. mit pädagogischer und tiefenpsychologischer Ausbildung. Sie lebt heute als Schriftstellerin in Ettlingen. Ihr poetisches und erzählerisches Talent hat sie zu einer der beliebtesten Autorinnen inspirierender Texte gemacht. In diesem Band verbindet sie zwei Leidenschaften: ihre Liebe zum Kochen und zur Küche und ihr großes Wissen über die christliche Alltagskultur.

VERLAGSGRUPPE PATMOS

PATMOS
ESCHBACH
GRÜNEWALD
THORBECKE
SCHWABEN
VER SACRUM

Die Verlagsgruppe
mit Sinn für das Leben

MIX
Papier aus verantwortungsvollen Quellen
FSC® C010798

Klimaneutral
Druckprodukt
ClimatePartner.com/14549-2003-1001

Für die Verlagsgruppe Patmos ist Nachhaltigkeit ein wichtiger Maßstab ihres Handelns.
Wir achten daher auf den Einsatz umweltschonender Ressourcen und Materialien.

Verlagsgruppe Patmos in der Schwabenverlag AG, Ostfildern
www.patmos.de

Gesamtgestaltung:: Finken & Bumiller, Stuttgart
Umschlagmotive: Dariia Baranova / shutterstock.com, Tashadraw / shutterstock.com
Autorin-Foto: Privat. Alle Rechte vorbehalten.
Druck: Graspo CZ, a.s.
Hergestellt in Tschechien
ISBN 978-3-8436-1249-4